Gustav Schmiz

Symbole –
Urbilder des Lebens, Urbilder des Glaubens

Band 1

Ein unterrichtspraktisches Handbuch mit Arbeitsblättern für die Klassen 5 bis 10

Reihe
»Kreativer Religionsunterricht«

Lahn-Verlag Limburg

Die Deutsche Bibliothek – CIP-Einheitsaufnahme

Schmiz, Gustav:
Symbole – Urbilder des Lebens, Urbilder des Glaubens :
ein unterrichtspraktisches Handbuch mit Arbeitsblättern
für die Klassen 5 bis 10 / Gustav Schmiz. –
Limburg : Lahn-Verl.
Bd. 1 (1998)
ISBN 3-7840-3153-6
(Reihe »Kreativer Religionsunterricht«)

Lektorat: Dr. Stefan Ohnesorge
Umschlaggestaltung und Layout: Jürgen Weber, Limburg
Umschlagfoto: Fernand Rausser, CH – Bolligen
Umschlaglitho: Limburger Offsetdruck
Zeichnungen: Gisa Gericke, Wiesbaden
Notensatz: Nikolaus Veeser, Freiburg
Satz: Typo Schröder, Dernbach
Druck und Bindung: Clausen & Bosse, Leck
Printed in Germany

ISBN 3-7840-3153-6

Inhalt

Vorwort

Einerseits wissen wir: Symbole sind die Muttersprache der Religionen. Andererseits müssen wir in der alltäglichen Praxis unseres Religionsunterrichts konstatieren: Für immer mehr Kinder und Jugendliche ist diese Bildersprache eine Fremdsprache. Dafür gibt es viele Gründe: etwa ein modischer antireligiöser Zeitgeist (zugegebenermaßen von den Glaubensinstitutionen oft mitverschuldet), die gleißende Flut der schnellen Bilder, die das Auge vieler Schülerinnen und Schüler oberflächlich reizt, aber kaum die Herzen wärmt, oder auch schlicht Unkenntnis der Tradition, denn die religiöse Sozialisation in den Familien und Gemeinden wird zusehends schwächer. Aber Klagen darüber führt zu nichts; hier hilft nur das Gehen vieler kleiner Schritte.

Ein kleiner Schrittmacher soll dieses Handbuch sein. Es versucht bedeutungsvolle Symbole bzw. Symbolkreise als »Urbilder des Lebens und des Glaubens« nicht nur zu präsentieren, sondern zugleich – möglichst auf die Lebenserfahrung unserer Schülerinnen und Schüler bezogen – unterrichtspraktisch aufzubereiten. Die Materialien und Arbeitsblätter zu jedem Symbolkreis können als variable Bausteine in ein bestimmtes Unterrichtsprojekt miteinbezogen (eine Übersicht ordnet die Symbole gängigen grundlegenden Themen des RU zu) oder auch fortlaufend als Einheit eingesetzt werden.

Das Handbuch gliedert sich in zwei Teile: Im Materialteil finden sich die aufbereiteten Medien, in Symbolkreisen gruppiert. Die mediale Bandbreite ist bewusst weit gewählt: bildende Kunst, Karikatur, Fotografie, Zeugnisse aus dem Leben und der Tradition des Christentums und anderer Weltreligionen, einschlägige Texte, Lieder, Anleitungen zu Stilleübungen und zum künstlerischen Gestalten, Vorschläge für Projekte, die Schule nicht nur als Lern-, sondern auch als Lebensraum erfahren lassen sollen. Sämtliche Arbeitsblätter und Medien wurden im Unterricht eingesetzt und erprobt. Der Kommentarteil führt zunächst orientierend in jeden Symbolkreis ein und gibt dann, auf die jeweiligen Medien bezogen, Informationen und unterrichtsvorbereitende Hilfen: sachliche (theologische, historische) Hintergründe, Querverbindungen zur Lebenswelt der Kinder und Jugendlichen und methodische Ratschläge (erschließende Arbeitsfragen, Tafelbilder, Anleitungen zu Symbolmeditationen bis hin zu Lösungsvorschlägen für Arbeitsblätter, Rätsel und Tests, Vorbereitungen für Projekte an Lernorten außerhalb der Schule).

Der vorliegende 1. Band des Handbuchs bietet die fünf Symbolkreise Weg, Haus, Brot und Wein, Wasser/Schiff, Stein; der 2. Band behandelt die sechs Symbolkreise Baum/Kreuz, Licht/Dunkelheit, Himmel/Mond/Sterne, Sonne, Mitte/Berg, Bauer/Hirte/Fischer.

In früheren Zeiten wurde dem Glauben oft vorgeworfen, bloße Jenseitsvertröstung zu sein. Heute leiden viele Menschen eher umgekehrt darunter, dass sie von einer profitorientierten Konsum- und Unterhaltungsindustrie auf ein bloßes Diesseits vertröstet werden. Unseren Kindern und Jugendlichen wird so oft das Beste vorenthalten. Demgegenüber sollten wir versuchen ihnen, die die Wirklichkeit in ihrer Fülle erst noch entdecken sollen, den »Himmel offen« zu halten (Apg 7,56). Christen – und auch glaubende Menschen in anderen Weltreligionen – bezeugen, dass die Welt nicht gottlos und Gott nicht weltlos ist. Beides gilt es zusammenzuführen; dies ist ja auch der ursprüngliche Wortsinn des griechischen Wortes »Symbol«.

Übersicht: Symbolkreise und grundlegende Themen des Religionsunterrichts

In dieser Übersicht werden zur bequemen Handhabung bei der Unterrichtsvorbereitung in der alltäglichen Praxis die mit den Medien aufbereiteten *Symbole* gängigen *Themen* des Religionsunterrichts in den Klassen 5 bis 10 zugeordnet: in der linken Spalte die Themen, in Gruppen locker geordnet, in der rechten die Fundstellen im Arbeitsbuch. Die erste Zahl benennt die Nummer des Symbolkreises, dann folgt die Nummer des Mediums; so meint z. B. 5 M 13 das Medium M 13 im 5. Symbolkreis »Stein«.

Kirche (Grundsätzliches; Tradition/Reform)	2 M 22, 23 / 4 M 24–28 / 5 M 8
Geschichte der Kirche	2 M 8–12 / 5 M 8
Nachfolge, Zeugnis für Christus	1 M 34 / 2 M 6
Soziales/sozialpolitisches Engagement	1 M 20 / 2 M 5–7 / 3 M 13
Kirche: Architektur	2 M 8–12
Taufe	4 M 3 / 4 M 16–18 / 4 M 20–22
Eucharistie	1 M 20 / 1 M 32 / 1 M 34 / 3 M 6 / 3 M 14–19
Schuld/Vergebung	2 M 16 / 5 M 5–8 / 5 M 12
Jesus Christus	1 M 31, 32 / 1 M 34 / 4 M 16 / 4 M 19 / 4 M 24, 25
Kreuz, Auferstehung, Ostern	1 M 31, 32 / 1 M 34 / 3 M 21 / 4 M 16 / 4 M 19 / 4 M 24, 25
Exodus	1 M 19, 20 / 4 M 13, 14
Dekalog	1 M 21, 22
Gestalten des Glaubens	1 M 19 (Abrabam) / 4 M 12 (Noah) / 4 M 13, 14 (Mirjam) / 4 M 16–18 (Jona)
Gerechtigkeit, Erbarmen	2 M 5, 6
Ungerechtigkeit in der Welt, »Dritte Welt«	1 M 20 / 2 M 5, 6 / 3 M 7 / 3 M 8–12 / 5 M 3
Geschwisterlich teilen	2 M 5, 6
Verantwortung für die Schöpfung	4 M 15 / 4 M 19 / 5 M 10, 11
Frage nach Gott	1 M 2 / 3 M 9 / 3 M 16
Wege zu sich selbst, Wege zu Gott	1 M 11–18 / 5 M 2
Alter	1 M 2
Tod	1 M 2 / 3 M 9 / 3 M 16 / 5 M 7 / 5 M 13
Hoffnung	5 M 13

Sehnsucht, Grenzen sprengen	1 M 5–11 / 1 M 13–19 / 2 M 1
Freiheit, Verantwortung, Entscheidung	5 M 13
Angst, Vertrauen	1 M 33 / 2 M 7
Sinn des Lebens	1 M 4 / 5 M 2
Liebe	3 M 14, 15
Vorbilder im Leben	1 M 5–11 / 1 M 13–19 / 1 M 23

Judentum	2 M 15–17 / 5 M 7
Islam	1 M 24–26 / 2 M 14 / 2 M 17 / 4 M 9
Buddhismus	1 M 27, 28
Hinduismus	1 M 29, 30 / 4 M 10
Ökumene	2 M 11 / 4 M 28

Zugänge

M 1

»Den Leuten auf's Maul geschaut«: Redensarten – Sprichwörter – Lebensweisheiten

a) Es führen viele Wege nach Rom.
b) Seiner eigenen Wege gehen.
c) Wo ein Wille ist, da ist auch ein Weg.
d) Krumme Wege gehen.
e) Jemandem Rosen auf den Weg streuen.
f) Jemandem Steine in den Weg legen.
g) Jemandem nicht über den Weg trauen.
h) Jemanden aus dem Weg räumen.
i) Jemanden auf kaltem Weg beseitigen.
j) Am Scheideweg stehen.
k) Keinen Ausweg mehr wissen.
l) Den Weg allen Fleisches gehen.

a) ______________________________
b) ______________________________
c) ______________________________
d) ______________________________
e) ______________________________
f) ______________________________
g) ______________________________
h) ______________________________
i) ______________________________
j) ______________________________
k) ______________________________
l) ______________________________

Denke über Bedeutung und Sinn dieser Redensarten, Sprichwörter und Lebensweisheiten nach. Formuliere dies jeweils rechts in deinen eigenen Worten. (Willst du einmal versuchen, das eine oder andere zeichnerisch oder pantomimisch darzustellen?)

M 2

»An einem Tag wie jeder andere«: Lebensläufe – Perspektiven, Pläne, Wirklichkeiten

Folgende Überschriften, Bilder und Meldungen fanden sich an einem einzigen Tag in einer deutschen Tageszeitung – »an einem Tag wie jeder andere«:

Die ratlose Gesellschaft – Sehnsucht nach Werten

»Gesucht werden vor allem junge und billige Leute« – Die neuen Arbeitslosen

»Karibik, Segelschiff, Sonne, Wind, schöne Frauen« – Traum vom Glück

Brindisi als letzte Rettung – Süditalien ist mit albanischen Flüchtlingen überfordert

Aus dem Fernsehprogramm:
»Wer will mich – ich finde keinen Partner!«
»Reich und schön«

Soziale Chancenlosigkeit lässt Jugendliche gewalttätig werden

Am 12. März entschlief sanft unsere liebe, bis zuletzt treusorgende Mutter und Oma

Helene R.

In tiefer Trauer und in Liebe über ihren Tod hinaus.

Im Namen aller Hinterbliebenen:
Renate Z.

Die Beerdigung findet am Mittwoch, dem 19. März, um 13.00 Uhr auf dem Friedhof Frankfurt am Main-Preungesheim statt.

- Versuche die Lebenswege und -erfahrungen, die hinter den Meldungen und Bildern stehen, zu rekonstruieren.
- Gibt es gesamtgesellschaftliche Zusammenhänge zwischen den einzelnen Lebenswegen?
- Wähle dir einen dieser Lebenswege aus, in den du dich besonders gut hineinversetzen kannst, und schreibe eine passende Geschichte dazu.

M 3

Schriftworte – Schlüsselworte

Der Herr sprach zu Abram: Zieh weg aus deinem Land, von deiner Verwandtschaft und aus deinem Vaterhaus in das Land, das ich dir zeigen werde. Ich werde dich zu einem großen Volk machen, dich segnen und deinen Namen groß machen. Ein Segen sollst du sein.
Genesis 12,1–2

Und wohin ich gehe – den Weg dorthin kennt ihr. Thomas sagte zu ihm: Herr, wir wissen nicht, wohin du gehst. Wie sollen wir dann den Weg kennen? Jesus sagte zu ihm: Ich bin der Weg und die Wahrheit und das Leben; niemand kommt zum Vater außer durch mich.
Johannesevangelium 14,4–6

Am Ende der Tage wird es geschehen:
Der Berg mit dem Haus des Herrn steht fest gegründet als höchster der Berge;
er überragt alle Hügel. Zu ihm strömen alle Völker.
Viele Nationen machen sich auf den Weg; sie sagen: Kommt, wir ziehen hinauf zum Berg des Herrn und zum Haus des Gottes Jakobs.
Er zeige uns seine Wege, auf seinen Pfaden wollen wir gehen.
Denn von Zion kommt die Weisung des Herrn, aus Jerusalem sein Wort.
Er spricht Recht im Streit der Völker, er weist viele Nationen zurecht.
Dann schmieden sie Pflugscharen aus ihren Schwertern und Winzermesser aus ihren Lanzen.
Man zieht nicht mehr das Schwert, Volk gegen Volk, und übt nicht mehr für den Krieg.
Jesaja 2,2–4

Geht durch das enge Tor! Denn das Tor ist weit, das ins Verderben führt, und der Weg dahin ist breit, und viele gehen auf ihm.
Aber das Tor, das zum Leben führt, ist eng, und der Weg dahin ist schmal, und nur wenige finden ihn.
Matthäusevangelium 7,13–14

Ich zeige euch jetzt noch einen anderen Weg, einen, der alles übersteigt:
Wenn ich in den Sprachen der Menschen und Engel redete, hätte aber die Liebe nicht, wäre ich dröhnendes Erz oder eine lärmende Pauke.
Und wenn ich prophetisch reden könnte und alle Geheimnisse wüßte und alle Erkenntnis hätte; wenn ich alle Glaubenskraft besäße und Berge damit versetzen könnte, hätte aber die Liebe nicht, wäre ich nichts.
Und wenn ich meine ganze Habe verschenkte, und wenn ich meinen Leib dem Feuer übergäbe, hätte aber die Liebe nicht, nützte es mir nichts.
Die Liebe ist langmütig, die Liebe ist gütig. Sie ereifert sich nicht, sie prahlt nicht, sie bläht sich nicht auf.
Sie handelt nicht ungehörig, sucht nicht ihren Vorteil, läßt sich nicht zum Zorn reizen, trägt das Böse nicht nach.
Sie freut sich nicht über das Unrecht, sondern freut sich an der Wahrheit.
Sie erträgt alles, glaubt alles, hofft alles, hält allem stand.
Die Liebe hört niemals auf. Prophetisches Reden hat ein Ende, Zungenrede verstummt, Erkenntnis vergeht.
Denn Stückwerk ist unser Erkennen, Stückwerk unser prophetisches Reden; wenn aber das Vollendete kommt, vergeht alles Stückwerk.
1. Korintherbrief 12,31b– 13,10

Und du, Kind, wirst Prophet des Höchsten heißen; denn du wirst dem Herrn vorangehen und ihm den Weg bereiten.
Du wirst sein Volk mit der Erfahrung des Heils beschenken in der Vergebung der Sünden.
Durch die barmherzige Liebe unseres Gottes wird uns besuchen das aufstrahlende Licht aus der Höhe, um allen zu leuchten, die in Finsternis sitzen und im Schatten des Todes, und unsre Schritte zu lenken auf den Pfad des Friedens.
Das Kind wuchs heran, und sein Geist wurde stark.
Lukasevangelium 1,76–80a

Zeige mir, Herr, deine Wege, lehre mich deine Pfade!
Führe mich in deiner Treue und lehre mich; denn du bist der Gott meines Heiles.
Psalm 25,4–5a

Wege zu sich selbst – Wege zu Gott

M 4

Was man zum Leben so braucht – braucht man das?

	Ja	Nein	weil ...
Hi-Fi-Anlage			
Einen Freund/eine Freundin			
Fahrrad			
Fernseher			
Eltern, mit denen man reden kann			
Videorecorder			
Telefon			
An Gott glauben			
Fotoapparat			
Kulturangebote			
Eigene Bücher			
Kühlschrank			
...			

M 5

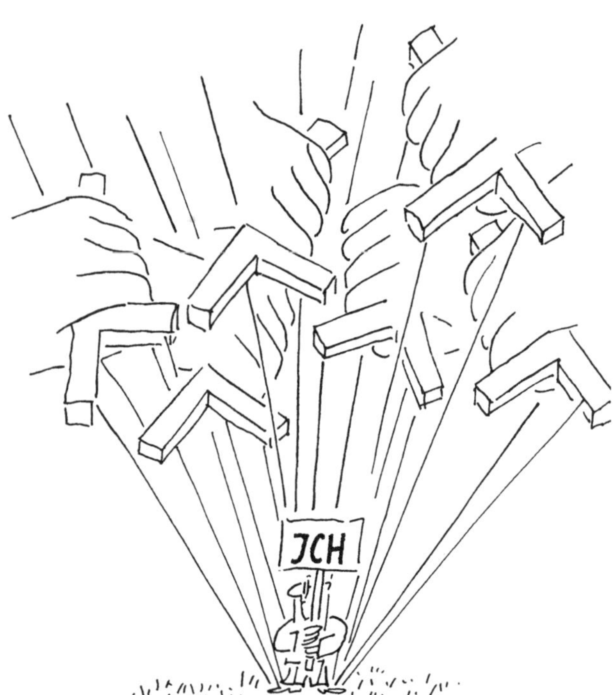

Überlege, nachdem du dir die Zeichnung angeschaut hast:

- Bin ich wirklich nur eine Marionette?
- Nein, weil ...
- Ja, weil ...
- Was stärkt dich/was hindert dich, deinen eigenen Weg zu gehen?
- Fallen dir dazu typische Situationen ein?

M 6

Der traurige Lebenslauf des Karl Meyer:

M 7

Zeiten, Menschen, Wege – mein Terminkalender

Montag

Vormittag

Nachmittag

Abend

Dienstag

Vormittag

Nachmittag

Abend

Mittwoch

Vormittag

Nachmittag

Abend

Donnerstag

Vormittag

Nachmittag

Abend

Freitag

Vormittag

Nachmittag

Abend

Samstag/Sonntag

Vormittag

Nachmittag

Abend

M 9

Der Aufbruch

Ich befahl, mein Pferd aus dem Stall zu holen. Der Diener verstand mich nicht. Ich ging selbst in den Stall, sattelte mein Pferd und bestieg es. In der Ferne hörte ich eine Trompete blasen, ich fragte ihn, was das bedeute. Er wußte nichts und hatte nichts gehört. Beim Tore hielt er mich auf und fragte: »Wohin reitet der Herr?« »Ich weiß es nicht«, sagte ich, »nur weg von hier, nur weg von hier. Immerfort weg von hier, nur so kann ich mein Ziel erreichen.« »Du kennst also dein Ziel?« fragte er. »Ja«, antwortete ich, »ich sagte es doch. Weg von hier – das ist mein Ziel.« »Du hast keinen Eßvorrat mit«, sagte er. »Ich brauche keinen«, sagte ich, »die Reise ist so lang, daß ich verhungern muß, wenn ich auf dem Weg nichts bekomme. Kein Eßvorrat kann mich retten. Es ist ja zum Glück eine wahrhaft ungeheuere Reise.«

Franz Kafka

M 10

Das wünsch' ich sehr

T: Kurt Rose M: Detlev Jöcker

M 8

Die Frage der Fragen

Vor dem Ende sprach Rabbi Sussja: »In der kommenden Welt wird man mich nicht fragen: ›Warum bist du nicht Mose gewesen?‹ Man wird mich fragen: ›Warum bist du nicht Sussja gewesen?‹«

Martin Buber

M 11

Der deutsche Dichter Rainer Maria Rilke (1875 bis 1926) lässt eines seiner Gedichte mit der Zeile beginnen:

»Ich lebe mein Leben in wachsenden Ringen ...«

Rilkes Gedichtzeile lässt uns daran denken, unser Leben mit den Windungen einer Schnecke oder einer Muschel zu vergleichen. Zeichne in die »Ringe« wichtige Stationen und Entwicklungen deines Lebenswegs ein. Wie könnte es weitergehen?

M 12

Wenn du nach Gott fragen willst

Fragen ist schwerer als antworten.
Die meisten lernen es nie, wissen nicht einmal, daß man überhaupt fragen kann. Antworten umstellen ihr Leben, aber nicht Antworten auf eigene Fragen, sondern Scheinantworten, die den eigenen Fragen zuvorkommen, damit sie nur ja nicht gefragt werden.
Willst du fragen lernen, schnür die amtlich verpackten Bündel auf. Stürz den Inhalt der geordneten Kisten um und erprobe selbst, womit du leben kannst. Wag dich auch an die schweren Pakete mit den Etiketten »Gott«, »Erlösung«, »Gebet« heran. Laß dich nicht irritieren durch die Warnung, es würde dir wie mit der Uhr ergehen, die du, auseinandergenommen, nicht wieder zusammenfügen kannst.
Vertrau auf dich und wage zu fragen. Das führt dich ins Weite. Religion ist eine Straße zu Gott. Eine Straße ist kein Haus.

Wenn du nach Gott fragen willst, lerne mit Händen und Füßen, mit Herz und Hirn zu fragen.
Wie fragen unsere Hände? Indem sie andere Hände suchen.
Wie fragen unsere Füße? Indem sie lange Wege laufen, zu Menschen, deren Leben gegen das eigene steht.
Wie fragt unser Herz? Indem es bei anderen anklopft, die uns brauchen.
Wie fragt unser Kopf? Indem er alle Erfahrung von Hand und Fuß, von Herz und Hirn zusammennimmt und weiterdenkt.

Wenn du nach Gott fragen willst, richte die Ohren.
Nichts begegnet dir gedankenloser als der Name Gottes. Mit »Gott« schmücken sich alltäglicher Gruß und Dank. »Im Namen Gottes« kommt häufig das Pompöse, Geschwollene und Gewaltige daher. Mit dem »Willen Gottes« werden Armut und Not, Krieg und Tod, die gute Absicht und der eigene Profit überschrieben.
Wer nach Gott fragt, muß feine Ohren haben: Mit Salbung in der Sprache, falschen Tönen und dem Anspruch, Gottes Willen zu verkünden, versucht man auch heute noch zu betören.
Es sollte deinen Ohren unerträglich werden!

Wenn du nach Gott fragen willst, öffne die inneren Augen.
Nur sehen, was greifbar vor Augen liegt? Oder noch weniger: allein die eigenen Wünsche und zumal sich selbst?
Sehen, was man nicht sehen kann: Die Wahrheit der Dinge. Den Sinn des Lebens. Die Liebe hinter allem. Das Herz muß sehen lernen: Herzauge.

Wenn du nach Gott fragen willst, übe dich, Nein zu sagen.
Gib es auf, der Leute wegen etwas zu tun oder zu sagen, was dir fremd ist. Du mußt dich selbst achten und ernst nehmen lernen. Gib auf, der Leute wegen in die Kirche zu gehen (oder auch nicht zu gehen).
Solange du außengesteuert bist, wirst du Gott mit Autorität verwechseln und bleibst unmündig.

Wenn du nach Gott fragen willst, mußt du dich selbst suchen.
Was das Wort Gott meint, ist nur auf einem inneren Weg zu erkennen möglich. Gott ist ein Wort für den Brunnengrund, in den du springen mußt, wenn du dich selbst finden willst. Gott ist die Wahrheit der Welt, in der allein Menschen wahr werden können. Darum ist Gott nur auf einem inneren Weg zu finden. Gott finden heißt, sich selbst finden: frei werden, um zu lieben.

Wenn du nach Gott fragen willst, liebe die Welt.
Wolltest du nach Gott fragen und, geschieden davon, nach der Welt, würdest du in Sackgassen laufen. Diese Fragen erlauben kein Nebeneinander, nur ein Ineinander:
Wer tröstet den Trostlosen? Wer liebt den Ungeliebten? Wer schafft Raum den Unterdrückten?
Die Antwort geben die Menschen, die lieben. Und wer liebt, erfährt Wahrheit über sich hinaus.

Hubertus Halbfas

- Was erschwert den Weg zu sich selbst und zu Gott, was erleichtert ihn?
- Welche Rolle spielen die Sinne(serfahrungen) des Menschen, welche Rolle spielt die innere Erfahrung dabei?
- Eine besondere Bedeutung beim Weg zu sich selbst und zu Gott hat die »Liebe«. Begründe diese zentrale Stellung der »Liebe« aus dem Text und überlege, wie die »Liebe« mit anderen Verhaltensweisen, zusammenhängt.

M 13

Wohin nur, wohin?

M 14

Der Radwechsel

Ich sitze am Straßenrand.
Der Fahrer wechselt das Rad.
Ich bin nicht gern, wo ich herkomme.
Ich bin nicht gern, wo ich hinfahre.
Warum sehe ich den Radwechsel
Mit Ungeduld?

Bertolt Brecht

M 15

Fragen

Wie groß ist dein Leben?
Wie tief?
Was kostet es dich?
Bis wann zählst du?
Wieviel Türen hat es?
Wie oft
hast du ein neues begonnen?

Warst du schon einmal
gezwungen um es zu laufen?
Wenn ja
bist du rundherum gelaufen
im Kreis oder hast du
Einbuchtungen mitgelaufen?
Was dachtest du dir dabei?

Woran erkanntest du
daß du ganz herum warst?
Bist du mehrmals gelaufen?
War das dritte Mal
wie das zweite?

Würdest du lieber
die Strecke im Wagen fahren?
oder gefahren werden?
in welcher Richtung?
Von wem?

Erich Fried

M 16

Auf der Durchreise

Ein Tourist darf in einem Kloster bei Kartäusermönchen übernachten. Er ist sehr erstaunt über die spartanische Einrichtung ihrer Zellen und fragt die Mönche: »Wo habt Ihr Eure Möbel?« Schlagfertig fragen die Mönche zurück: »Ja, wo haben Sie denn Ihre?« »Meine?« erwidert darauf der Tourist verblüfft. »Ich bin ja nur auf der Durchreise hier!« »Eben«, werfen da die Mönche ein, »das sind wir auch.«

Kurt Bucher

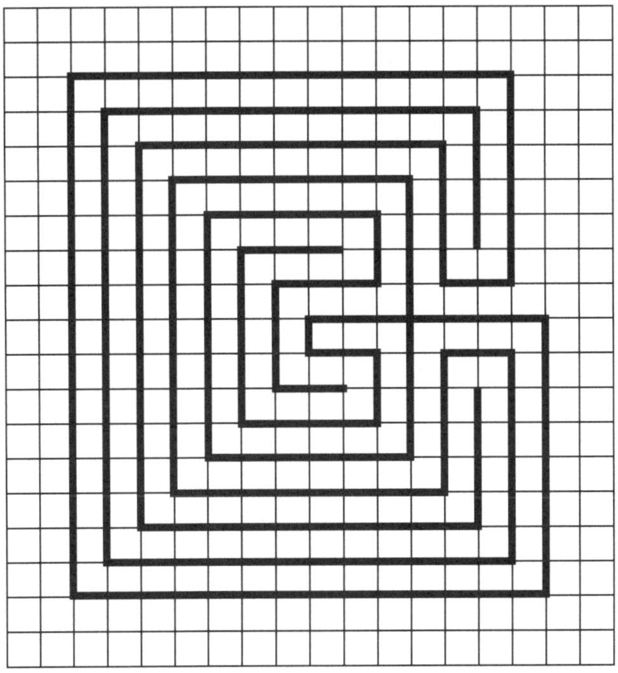

M 17

Ein Labyrinth – von Schülern selbst entworfen!

- Geh den Weg zum Ziel, zur Mitte mit dem Bleistift – was fällt dir dabei auf? (Überlege z. B.: Kann man sich in diesem Labyrinth verirren? In welcher Situation ist man besonders nahe am Rand/an der Mitte?)
- Versuche die Einsichten, die du im Labyrinth gewonnen hast, auf deinen eigenen Lebensweg zu übertragen.
- Am besten, du machst die Labyrintherfahrung nicht (nur) mit dem Bleistift, sondern mit den eigenen Füßen.

Wie es aussieht, wenn eine Klasse das obenstehende Labyrinth auf den Schulhof gemalt hat, seht ihr unten. Die Klasse übertrug die Planskizze mit 50 cm pro Karo auf das Pflaster mit ca. 2 l Asphaltmarkierungsfarbe. Versucht es – viel Spaß!

M 18

Unser Schulhof wird zum Labyrinth!

Exodus – Auf-dem-Weg-sein

M 19

Walter Habdank: Abraham (1977)

M 20

Misereor-Hungertuch: Gott begegnen im Fremden (1994)

Weg-Weisungen der großen Welt-Religionen
Weg-Weisungen aus dem jüdisch-christlichen Glauben

M 21 Die Zehn Gebote

Exodus 20,2–17	**Deuteronomium 5,6–21**	**Katechetische Überlieferung**
Ich bin der Herr, dein Gott, der dich aus Ägypten geführt hat, aus dem Sklavenhaus.	Ich bin der Herr, dein Gott, der dich aus Ägypten geführt hat, aus dem Sklavenhaus.	
Du sollst neben mir keine anderen Götter haben. Du sollst dir kein Gottesbild machen und keine Darstellung von irgend etwas am Himmel droben, auf der Erde unten oder im Wasser unter der Erde. Du sollst dich nicht vor anderen Göttern niederwerfen und dich nicht verpflichten, ihnen zu dienen. Denn ich, der Herr, dein Gott, bin ein eifersüchtiger Gott: Bei denen, die mir feind sind, verfolge ich die Schuld der Väter an den Söhnen, an der dritten und vierten Generation; bei denen, die mich lieben und auf meine Gebote achten, erweise ich Tausenden meine Huld.	Du sollst neben mir keine anderen Götter haben. Du sollst dir kein Gottesbildnis machen, das irgend etwas darstellt am Himmel droben, auf der Erde unten oder im Wasser unter der Erde. Du sollst dich nicht vor anderen Göttern niederwerfen und dich nicht verpflichten, ihnen zu dienen. Denn ich, der Herr, dein Gott, bin ein eifersüchtiger Gott: Bei denen, die mir feind sind, verfolge ich die Schuld der Väter an den Söhnen und an der dritten und vierten Generation; bei denen, die mich lieben und auf meine Gebote achten, erweise ich Tausenden meine Huld.	Du sollst an einen Gott glauben.
Du sollst den Namen des Herrn, deines Gottes, nicht mißbrauchen; denn der Herr läßt den nicht ungestraft, der seinen Namen mißbraucht.	Du sollst den Namen des Herrn, deines Gottes, nicht mißbrauchen; denn der Herr läßt den nicht ungestraft, der seinen Namen mißbraucht.	Du sollst den Namen Gottes nicht verunehren.
Gedenke des Sabbat: Halte ihn heilig!	Achte auf den Sabbat: Halte ihn heilig, wie es dir der Herr, dein Gott, zur Pflicht gemacht hat.	Du sollst den Tag des Herrn heiligen.
Sechs Tage darfst du schaffen und jede Arbeit tun. Der siebte Tag ist ein Ruhetag, dem Herrn, deinem Gott, geweiht. An ihm darfst du keine Arbeit tun: du, dein Sohn und deine Tochter, dein Sklave und deine Sklavin, dein Vieh und der Fremde, der in deinen Stadtbereichen Wohnrecht hat.	Sechs Tage darfst du schaffen und jede Arbeit tun. Der siebte Tag ist ein Ruhetag, dem Herrn, deinem Gott, geweiht. An ihm darfst du keine Arbeit tun: du, dein Sohn und deine Tochter, dein Sklave und deine Sklavin, dein Rind, dein Esel und dein ganzes Vieh und der Fremde, der in deinen Stadtbereichen Wohnrecht hat. Dein Sklave und deine Sklavin sollen sich ausruhen wie du.	
Denn in sechs Tagen hat der Herr Himmel, Erde und Meer gemacht und alles, was dazugehört; am siebten Tag ruhte er. Darum hat der Herr den Sabbattag gesegnet und ihn für heilig erklärt.	Denk daran: Als du in Ägypten Sklave warst, hat dich der Herr, dein Gott, mit starker Hand und hocherhobenem Arm dort herausgeführt. Darum hat es dir der Herr, dein Gott, zur Pflicht gemacht, den Sabbat zu halten.	
Ehre deinen Vater und deine Mutter, damit du lange lebst in dem Land, das der Herr, dein Gott, dir gibt.	Ehre deinen Vater und deine Mutter, wie es dir der Herr, dein Gott, zur Pflicht gemacht hat, damit du lange lebst und es dir gut geht in dem Land, das der, Herr, dein Gott, dir gibt.	Du sollst Vater und Mutter ehren, damit du lange lebest und es dir wohlergehe auf Erden.
Du sollst nicht morden.	Du sollst nicht morden,	Du sollst nicht töten.
Du sollst nicht die Ehe brechen.	du sollst nicht die Ehe brechen,	Du sollst nicht Unkeuschheit treiben.
Du sollst nicht stehlen.	du sollst nicht stehlen,	Du sollst nicht stehlen.
Du sollst nicht falsch gegen deinen Nächsten aussagen.	du sollst nicht Falsches gegen deinen Nächsten aussagen,	Du sollst kein falsches Zeugnis geben.
Du sollst nicht nach dem Haus deines Nächsten verlangen.	du sollst nicht nach der Frau deines Nächsten verlangen,	Du sollst nicht begehren deines Nächsten Frau.
Du sollst nicht nach der Frau deines Nächsten verlangen, nach seinem Sklaven oder seiner Sklavin, seinem Rind oder seinem Esel oder nach irgend etwas, das deinem Nächsten gehört.	und du sollst nicht das Haus deines Nächsten begehren, nicht sein Feld, seinen Sklaven oder seine Sklavin, sein Rind oder seinen Esel, nichts, was deinem Nächsten gehört.	Du sollst nicht begehren deines Nächsten Gut.

Katechismus der katholischen Kirche

M 22 Die Bedeutung der Zehn Gebote

Gebot	*Bedeutung*
Ich bin der Herr, dein Gott, der dich aus der Sklaverei befreit hat.	Mein Gott ist Leben und Freiheit! Haltet die Gebote, damit ihr frei bleibt!
1. Du wirst keine anderen Götter neben mir haben.	Du darfst an Gott glauben. Du brauchst keine Götter mehr und keinen Aberglauben.
2. Du wirst den Namen Gottes nicht verunehren.	Du brauchst Gott nicht mit Beschwörungen zu bitten, du kannst ihn nicht zwingen.
3. Du wirst den Sabbat heiligen.	Der Mensch ist mehr als seine Leistung.
4. Du wirst Vater und Mutter ehren.	Mitmenschen sind Gottes Geschenk. Auch die Alten sind wertvoll.
5. Du wirst nicht töten (= morden).	Du darfst nicht alles tun, was du tun könntest.
6. Du wirst nicht die Ehe brechen.	Du bist fähig, unwiderruflich zu lieben.
7. Du wirst nicht stehlen.	Du wirst Menschen nicht versklaven und nicht zerstören, was ein Mensch aufgebaut hat.
8. Du wirst nicht gegen deinen Nächsten falsch aussagen.	Vernichte nicht den guten Namen deines Mitmenschen! Sorge für Vertrauen unter den Menschen.
9. Du wirst nicht die Frau deines Nächsten begehren.	Menschen sind kein Spielzeug.
10. Du wirst nicht das Hab und Gut deines Nächsten begehren.	Nichts außer Gott kann dein Ein und Alles sein. Du brauchst nicht neidisch zu sein auf den Besitz der anderen.

Siegfried Dunde

M 23 Desiderata

Gehe ruhig und gelassen durch Lärm und Hast und sei des Friedens eingedenk, den die Stille bergen kann. Stehe, soweit ohne Selbstaufgabe möglich, in freundlicher Beziehung zu allen Menschen. Äußere deine Wahrheit ruhig und klar und höre anderen ruhig zu, auch den Geistlosen und Unwissenden; auch sie haben ihre Geschichte.
Meide laute und aggressive Menschen, sie sind eine Qual für den Geist. Wenn du dich mit anderen vergleichst, könntest du bitter werden und dir nichtig vorkommen; denn immer wird es jemanden geben, größer oder geringer als du. Freue dich deiner eigenen Leistungen wie auch deiner Pläne. Bleibe weiter an deinem eigenen Weg interessiert, wie bescheiden auch immer. Er ist ein echter Besitz im wechselnden Glück der Zeiten.
In deinen geschäftlichen Angelegenheiten lasse Vorsicht walten; denn die Welt ist voller Betrug. Aber nichts soll dich blind machen gegen gleichermaßen vorhandene Rechtschaffenheit. Viele Menschen ringen um hohe Ideale, und überall ist das Leben voll Heldentum.
Sei du selbst, vor allen Dingen heuchle keine Zuneigung, noch sei zynisch was die Liebe betrifft; denn auch im Augenblick aller Dürre und Enttäuschung ist sie doch immerwährend wie Gras.
Ertrage freundlich gelassen den Ratschluß der Jahre, gib die Dinge der Jugend mit Grazie auf. Stärke die Kraft des Geistes, damit sie dich in plötzlich hereinbrechendem Unglück schütze. Aber erschöpfe dich nicht mit Phantasien. Viele Ängste kommen aus Ermüdung und Einsamkeit.
Neben einer heilsamen Selbstdisziplin sei freundlich mit dir selbst. Du bist Kind Gottes genauso wie die Bäume und Sterne; du hast ein Recht hier zu sein. Und, ob es dir bewußt ist oder nicht, es besteht kein Zweifel, das Universum entfaltet sich wie vorgesehen. Darum lebe in Frieden mit Gott, was für eine Vorstellung du auch immer von ihm hast.
Was auch immer deine Arbeit und dein Sehnen ist, erhalte dir den Frieden mit deiner Seele in der lärmenden Wirrnis des Lebens. Mit all der Schande, der Plackerei und den zerbrochenen Träumen ist es dennoch eine schöne Welt.

Strebe behutsam danach, glücklich zu sein.

(aus der alten St.-Pauls-Kirche, Baltimore 1692)

Weg-Weisungen aus der Tradition des Islam

M 24 Aus der Poesie islamischer Völker:

Wer das Mysterium der Reise kennt,
Fürchtet den Rastort mehr als Weglag'rer.

Mein Glaube ist wie raschbewegte Wogen,
Den Ort verlassend, auf den Weg gezogen!

Iqbal (1877–1938, pakistanischer Dichter)

Und wenn Er alle Wege und Pässe vor dir schließt,
Zeigt einen Weg, geheim, Er, den niemand noch gekannt!

Rumi (1207–1273, persischer Dichter)

M 25 »Die fünf Säulen« des Islam

M 26

Weg-Weisungen aus der buddhistischen Tradition

M 27

Das Sich-auf-den-Weg-Machen ist in der Religion des Buddhismus (ähnlich wie im Hinduismus, vgl. M 29) von großer Bedeutung. Buddha (ursprünglich ein reicher Prinz mit dem Namen Siddharta Gautama, 560–480 v. Chr.) wurde von seinem Vater im Palast wie in einem goldenen Käfig von allem Alltäglichen abgeschirmt – nichts Hässliches oder Unangenehmes sollte ihn belästigen. Doch dem Prinz gelang es schließlich, vier »Ausfahrten« mit einer Kutsche in die Welt außerhalb des Palastes zu unternehmen – vier Wege zur Erkenntnis der Wirklichkeit. Er sah auf diesem Weg jeweils einen Altersschwachen, einen Todkranken und einen Leichnam und schloss daraus, dass all unser Leben von tiefem Leid durchdrungen sei. Auf dem vierten, letzten Weg sah er einen Bettelmönch, der heimatlos, aber in ruhiger Gelassenheit seiner Wege ging; daraus schloss der Prinz, dass es auch Wege aus dem Schicksalkreis des immer wiederkehrenden Leids geben müsse. Nach langer Wanderschaft und Wahrheitssuche kam er auf acht »heilige Wege«, auf das »Rad der Lehre«. Der heilige achtfache Weg des Buddha lautet:

Erster Weg:	»Rechtes Reden« – die Wahrheit sagen, nicht lügen.
Zweiter Weg:	»Rechtes Handeln« – nicht stehlen, keinem Lebewesen etwas zu Leide tun.
Dritter Weg:	»Rechter Lebensunterhalt« – seinen Lebensunterhalt ehrlich verdienen, z. B. ohne Betrug.
Vierter Weg:	»Rechtes Streben« – über sich und andere nur Gutes denken.
Fünfter Weg:	»Rechte Achtsamkeit« – sensibel sein für die Vorgänge des Körpers und für die Gedanken, bei sich und anderen.
Sechster Weg:	»Rechtes Sich-Versenken« – durch Meditation zur Ruhe und Konzentration kommen.
Siebter Weg:	»Rechte Gesinnung« – von den unersättlichen Trieben wegkommen, dafür Mitleid mit allen Lebewesen.
Achter Weg:	»Rechte Anschauung« – Durchschauen des Lebens als fortgesetztes Leiden, das seine Ursache in den versklavenden Begierden hat; Befreiung von diesen Begierden durch den »achtfachen Weg«.

M 28

Trage die acht heilig machenden »Wege« jeweils an den acht Speichen des Rades ein!

Weg-Weisungen aus hinduistischer Tradition

M 29

Im Hinduismus, der ältesten der großen Weltreligionen, gibt es auf den ersten Blick keine einheitliche Lehre, kein Credo, das alle verbindet. Dennoch gibt es einige allen gemeinsame Grundeinsichten: Ähnlich wie im Buddhismus (vgl. M 27) wird das Leben als stetiges Leiden gesehen, das seinen Grund in der Verfallenheit an Leidenschaften und Triebe hat, die den Menschen in ständiger Unruhe halten und die auch noch nach seinem Tod von Bedeutung sind: Entsprechend seinen guten oder schlechten Taten wird der Mensch in einer neuen besseren oder schlechteren Existenzform wiedergeboren, um dann von neuem zu leiden. Drei Wege jedoch gibt es für den Hindu, um vom Kreislauf der Wiedergeburten erlöst zu werden:

Erster Weg – der Weg der Erkenntnis: In meditativer Versenkung erkennen, dass Leidenschaft und Begierden unfrei und unruhig machen; wunsch- und leidenschaftslos werden.

Zweiter Weg – der Weg der Hingabe: Zuwendung zu einem Gott suchen, darin Geborgenheit finden.

Dritter Weg – der Weg des Handelns: den Egoismus besiegen, fürsorgliches Mitleid mit allen Lebewesen.

M 30

Drei Aus-Wege aus dem Kreis der Wiedergeburten

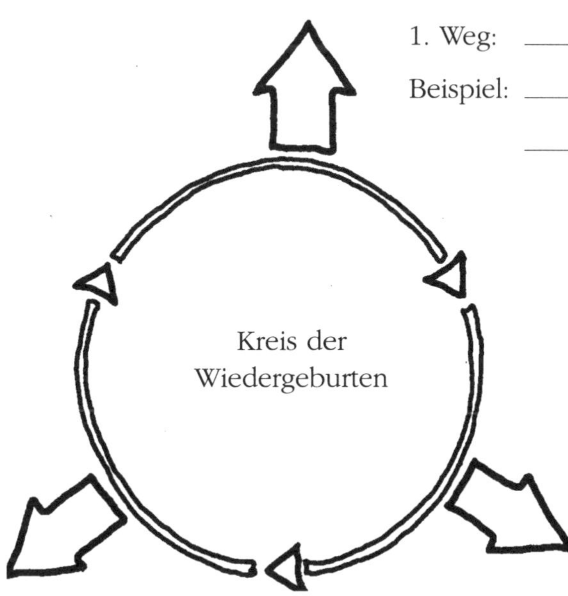

1. Weg: ______________________

Beispiel: ______________________

____

3. Weg: ______________________

Beispiel: ______________________

____

2. Weg: ______________________

Beispiel: ______________________

____

Der Weg nach Emmaus

M 31

Karl Schmidt-Rottluff, Der Gang nach Emmaus (1918)

M 32

Auf dem Weg nach Emmaus (Lukas 24,13–35)

Am gleichen Tag waren zwei von den Jüngern auf dem Weg in ein Dorf namens Emmaus, das sechzig Stadien von Jerusalem entfernt ist. Sie sprachen miteinander über all das, was sich ereignet hatte.

Während sie redeten und ihre Gedanken austauschten, kam Jesus hinzu und ging mit ihnen. Doch sie waren wie mit Blindheit geschlagen, so daß sie ihn nicht erkannten. Er fragte sie: Was sind das für Dinge, über die ihr auf eurem Weg miteinander redet? Da blieben sie traurig stehen, und der eine von ihnen – er hieß Kleopas – antwortete ihm: Bist du so fremd in Jerusalem, daß du als einziger nicht weißt, was in diesen Tagen dort geschehen ist? Er fragte sie: Was denn? Sie antworteten ihm: Das mit Jesus aus Nazaret. Er war ein Prophet, mächtig in Wort und Tat vor Gott und dem ganzen Volk. Doch unsere Hohenpriester und Führer haben ihn zum Tod verurteilen und ans Kreuz schlagen lassen. Wir aber hatten gehofft, daß er der sei, der Israel erlösen werde. Und dazu ist heute schon der dritte Tag, seitdem das alles geschehen ist. Aber nicht nur das: Auch einige Frauen aus unserem Kreis haben uns in große Aufregung versetzt. Sie waren in aller Frühe beim Grab, fanden aber seinen Leichnam nicht. Als sie zurückkamen, erzählten sie, es seien ihnen Engel erschienen und hätten gesagt, er lebe. Einige von uns gingen dann zum Grab und fanden alles so, wie die Frauen gesagt hatten; ihn selbst aber sahen sie nicht. Da sagte er zu ihnen: Begreift ihr denn nicht? Wie schwer fällt es euch, alles zu glauben, was die Propheten gesagt haben. Mußte nicht der Messias all das erleiden, um so in seine Herrlichkeit zu gelangen? Und er legte ihnen dar, ausgehend von Mose und allen Propheten, was in der gesamten Schrift über ihn geschrieben steht.

Erfahrung der Emmaus-Jünger	
(vielleicht auch) unsere Lebenserfahrung	
Eucharistiefeier – ein Weg mit und zu Jesus	

So erreichten sie das Dorf, zu dem sie unterwegs waren. Jesus tat, als wolle er weitergehen, aber sie drängten ihn und sagten: Bleib doch bei uns; denn es wird bald Abend, der Tag hat sich schon geneigt. Da ging er mit hinein, um bei ihnen zu bleiben. Und als er mit ihnen bei Tisch war, nahm er das Brot, sprach den Lobpreis, brach das Brot und gab es ihnen. Da gingen ihnen die Augen auf, und sie erkannten ihn; dann sahen sie ihn nicht mehr. Und sie sagten zueinander: Brannte uns nicht das Herz in der Brust, als er unterwegs mit uns redete und uns den Sinn der Schrift erschloß?

Noch in derselben Stunde brachen sie auf und kehrten nach Jerusalem zurück, und sie fanden die Elf und die anderen Jünger versammelt. Diese sagten: Der Herr ist wirklich auferstanden und ist dem Simon erschienen. Da erzählten auch sie, was sie unterwegs erlebt und wie sie ihn erkannt hatten, als er das Brot brach.

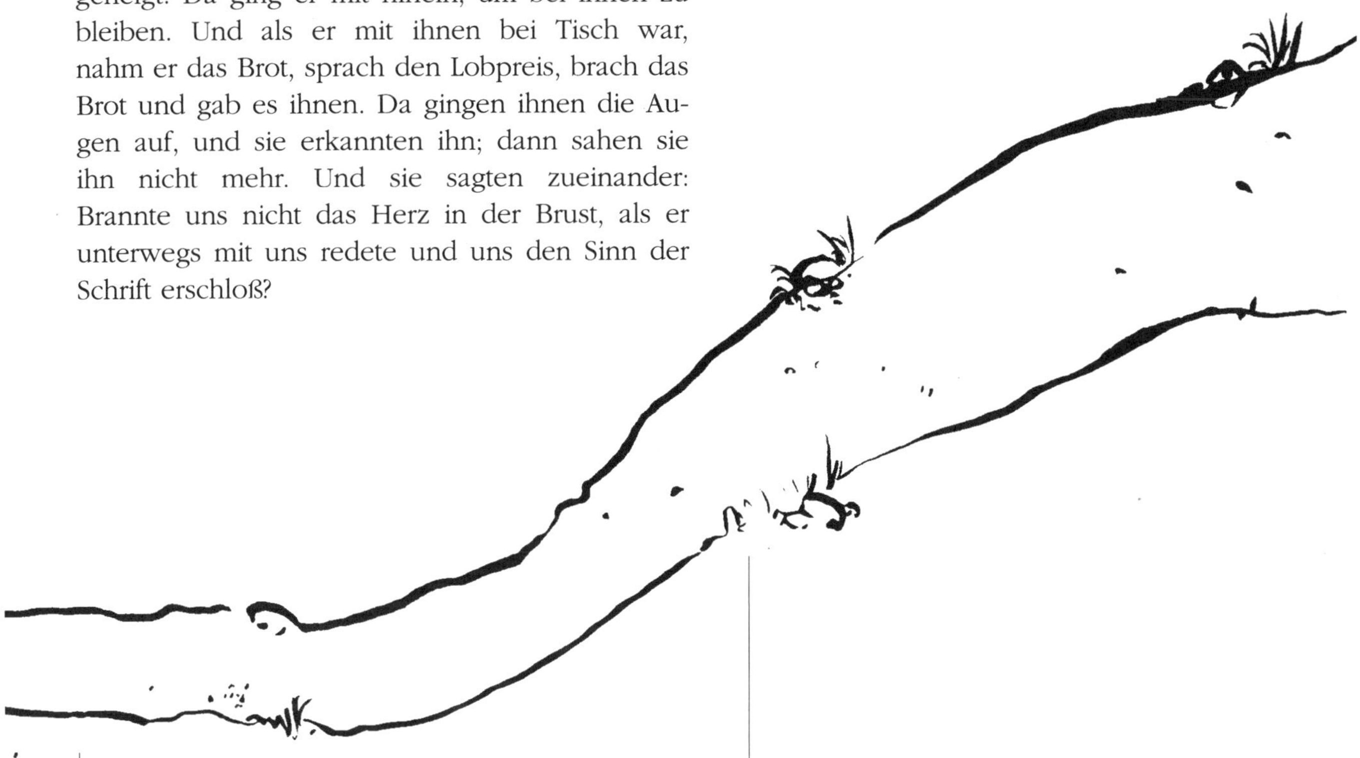

M 33

Spuren im Sand

Eines Nachts hatte ein Mann einen Traum.
Er träumte, er würde mit Christus am Strand entlangspazieren. Am Himmel über ihnen erschienen Szenen aus seinem Leben. In jeder Szene bemerkte er zwei Paar Fußabdrücke im Sand, eines gehörte ihm, das andere dem Herrn.
Als die letzte Szene vor ihm erschien, schaute er zurück zu den Fußabdrücken und bemerkte, daß sehr oft auf dem Weg nur *ein* Paar Fußabdrücke im Sand zu sehen war. Er stellte ebenfalls fest, daß dies gerade während der Zeiten war, in denen es ihm am schlechtesten ging.
Dies wunderte ihn natürlich, und er fragte den Herrn: »Herr, du sagtest mir einst, daß ich mich entscheiden sollte, dir nachzufolgen; du würdest jeden Weg mit mir gehen. Aber ich stelle fest, daß während der beschwerlichsten Zeiten meines Lebens nur *ein* Paar Fußabdrücke zu sehen ist. Ich verstehe nicht, warum! Wenn ich dich am meisten brauchte, hast du mich allein gelassen.«
Der Herr antwortete: »Mein lieber, lieber Freund, ich mag dich so sehr, daß ich dich niemals verlassen würde. Während der Zeiten, wo es dir am schlechtesten ging, wo du auf Proben gestellt wurdest und gelitten hast – dort, wo du nur *ein* Paar Fußabdrücke siehst –, es waren die Zeiten, wo ich dich getragen habe.«

M 34

Das Emmaus-Jünger-Lied

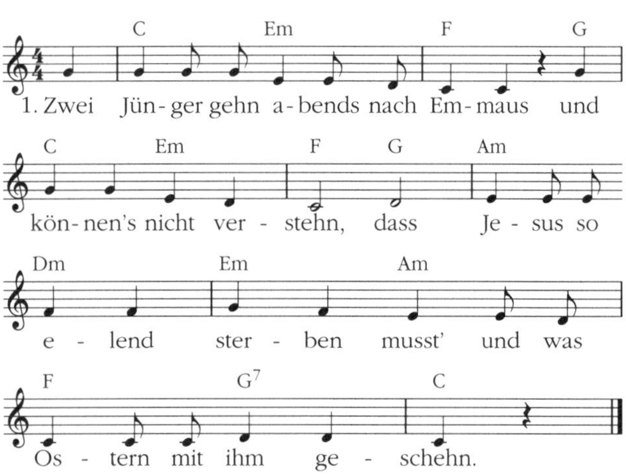

2. Ein Fremder fragt freundlich, wie's geht,
da laden sie ihn ein.
So kommt es, dass er mit ihnen geht
und in Emmaus kehren sie ein.

3. Er tröstet sie und sie sehen
dem Fremden ins Gesicht,
und wenn sie ihm auch in die Augen schaun,
erkennen sie Jesus noch nicht.

4. Sie hören ihm zu und vertrauen,
was dieser Mann verspricht.
Die Augen gehn ihnen plötzlich auf,
als das Brot er mit ihnen bricht.

5. So wie einst den Jüngern in Emmaus
wird es uns auch geschehn.
Wir dürfen so wie einst in Emmaus
Jesus Christus sehn und verstehn.

6. So kommen wir zu deinem Tisch
und laden alle ein.
Du wartest auf uns alle
und wirst wieder bei uns sein.

7. Kommt her! Hier ist Platz!
Greift zu und werdet satt.
Nur dann ist das Mahl gerecht und gut,
wenn jeder etwas hat.

T: Rolf Krenzer M: Reinhard Horn

M 35

Im Buchstabenfeld sind waagrecht und senkrecht sechs Wörter versteckt, die im Zusammenhang mit dem Symbolkreis »Weg« eine wichtige Rolle spielen ...

K	I	L	I	L	H	I	Z	N	Z	N	A	I	L	K	I	L	I
I	A	N	K	S	M	Z	K	I	L	A	N	A	I	I	K	I	L
L	I	A	N	K	O	S	M	I	Z	U	O	N	A	L	Z	K	I
I	A	N	O	N	A	I	L	I	K	M	I	Z	N	I	I	O	K
O	I	M	H	C	K	B	Z	I	E	L	R	O	C	H	M	I	O
I	M	I	M	I	K	S	K	S	A	E	M	M	A	U	S	H	I
M	I	Z	K	S	I	M	H	C	S	I	N	A	I	L	I	M	M
H	I	A	N	H	M	I	Z	K	S	T	C	H	M	I	Z	I	H
C	M	L	E	B	E	N	S	L	A	U	F	O	K	I	L	Z	C
S	K	A	K	S	X	O	L	I	A	N	K	S	I	M	H	C	S
I	L	B	K	S	O	I	L	I	A	G	N	C	H	M	I	Z	L
L	I	Y	K	S	D	I	M	H	C	S	C	H	M	I	K	S	I
I	L	R	I	Z	U	O	I	M	H	C	S	O	K	I	L	I	A
K	S	I	M	H	S	C	H	M	I	K	S	C	H	M	I	A	N
K	S	N	K	S	E	K	I	L	I	A	M	I	Z	I	L	I	K
I	Z	T	M	H	C	S	C	H	M	I	K	S	O	K	I	L	I
L	O	H	M	I	Z	S	C	K	I	L	I	K	S	S	L	I	L
I	K	S	C	H	M	I	O	N	A	I	L	I	K	K	I	L	I

Sieh dir die Buchstaben am Anfang und am Ende jedes gesuchten Wortes genau an: Wenn du sie neu zusammensetzt, ergeben sie zwei Namen alttestamentlicher Personen, die in biblischen Weg-Geschichten eine zentrale Rolle spielen:

Zugänge

M 1 Das verletzliche Welt-Haus

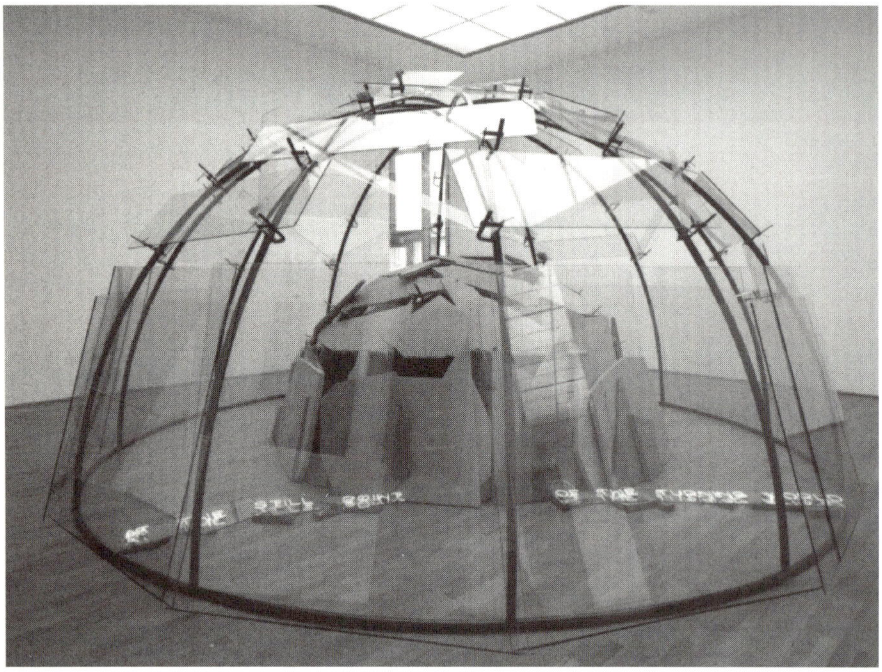

Mario Merz:
At the still point of the turning world (1991)

M 2 Schriftworte – Schlüsselworte

Als nun der König in seinem Haus wohnte und der Herr ihm Ruhe vor allen seinen Feinden ringsum verschafft hatte, sagte er zu dem Propheten Natan: Ich wohne in einem Haus aus Zedernholz, die Lade Gottes aber wohnt in einem Zelt. Natan antwortete dem König: Geh nur und tu alles, was du im Sinn hast; denn der Herr ist mit dir. Aber in jener Nacht erging das Wort des Herrn an Natan: Geh zu meinem Knecht David, und sag zu ihm: So spricht der Herr: Du willst mir ein Haus bauen, damit ich darin wohne? Seit dem Tag, als ich die Israeliten aus Ägypten heraufgeführt habe, habe ich bis heute nie in einem Haus gewohnt, sondern bin in einer Zeltwohnung umhergezogen.
2. Samuelbuch 7,1–6

Wisst ihr nicht, daß ihr Gottes Tempel seid und der Geist in euch wohnt?
1. Korintherbrief 3,16

Laßt euch als lebendige Steine zu einem geistigen Haus aufbauen.
1. Petrusbrief 2,5

Christus aber ist treu als Sohn, der über das Haus Gottes gesetzt ist; sein Haus aber sind wir.
Hebräerbrief 3,6

Wenn unser irdisches Zelt abgebrochen wird, dann haben wir eine Wohnung von Gott, ein nicht von Menschenhand errichtetes ewiges Haus im Himmel.
2. Korintherbrief 5,1

Salomo aber baute ihm ein Haus. Doch der Höchste wohnt nicht in dem, was von Menschenhand gemacht ist, wie der Prophet sagt: Der Himmel ist mein Thron und die Erde der Schemel für meine Füße. Was für ein Haus könnt ihr mir bauen?, spricht der Herr.
Apostelgeschichte 7,47–49

Ein Dach überm Kopf ...

M 3

Unser Schulhof wird zum »Traumhaus«!

M 4

Verheißungen der Werbung

Bausparkassen werben z. B. mit folgenden Sätzen:

»Wir geben Ihrer Zukunft ein Zuhause.«

»Ihrem Hause eine Zukunft.«

- Welche Wünsche und Grundbedürfnisse werden angesprochen und wachgerufen?
- Wie würde dein eigenes »Haus der Zukunft« aussehen? (Zeichne eventuell einen Grundriss und/oder eine Ansicht; erläutere deine Vorstellungen.)
- Welche Zwänge können mit dem Besitz eines Hauses einhergehen? Wäge Vor- und Nachteile ab.

M 5

»Unbehaust«

M 6

Der Misereor-Kreuzweg aus Lateinamerika (1992), IX. Station: Verstoßen und geschlagen

M 7

Heimkehr

Ich bin zurückgekehrt, ich habe den Flur durchschritten und blicke mich um. Es ist meines Vaters alter Hof. Die Pfütze in der Mitte. Altes, unbrauchbares Gerät, ineinanderverfahren, verstellt den Weg zur Bodentreppe. Die Katze lauert auf dem Geländer. Ein zerrissenes Tuch; einmal im Spiel um eine Stange gewunden, hebt sich im Wind. Ich bin angekommen. Wer wird mich empfangen? Wer wartet hinter der Tür der Küche? Rauch kommt aus dem Schornstein, der Kaffee zum Abendessen wird gekocht. Ist dir heimlich, fühlst du dich zu Hause? Ich weiß es nicht, ich bin sehr unsicher. Meines Vaters Haus ist es, aber kalt steht Stück neben Stück, als wäre jedes mit seinen eigenen Angelegenheiten beschäftigt, die ich teils vergessen habe, teils niemals kannte. Was kann ich ihnen nützen, was bin ich ihnen und sei ich auch des Vaters, des alten Landwirts Sohn. Und ich wage nicht, an der Küchentür zu klopfen, nur von der Ferne horche ich, nur von der Ferne horche ich stehend, nicht so, daß ich als Horcher überrascht werden könnte. Und weil ich von der Ferne horche, erhorche ich nichts, nur einen leichten Uhrenschlag höre ich oder glaube ihn vielleicht nur zu hören, herüber aus den Kindertagen. Was sonst in der Küche geschieht, ist das Geheimnis der dort Sitzenden, das sie vor mir wahren. Je länger man vor der Tür zögert, desto fremder wird man. Wie wäre es, wenn jetzt jemand die Tür öffnet und mich etwas fragte. Wäre ich dann nicht selbst wie einer, der sein Geheimnis wahren will.

Franz Kafka

Kirche – Haus Gottes unter den Menschen im Wandel der Zeiten

M 8

a) Die frühchristliche Basilika

Alte Basilika von Sankt Peter, Rom (perspektivischer Querschnitt)

Als sich die Gemeinde Jesu noch hauptsächlich aus Menschen jüdischen Ursprungs zusammensetzte, traf man sich zum Gottesdienst in der Synagoge. Nach der Trennung von ihrem jüdischen Wurzelgrund trafen sich die Christen in sogenannten »Hauskirchen«, d. h. in einem einfachen Wohnhaus, in dem ein Raum – anfangs vorübergehend, dann wohl bleibend – für die Liturgie hergerichtet wurde. Als dann im Römischen Reich die grausamen Christenverfolgungen tobten (bes. 3. Jh.), mussten sie sich buchstäblich in den Untergrund zurückziehen – in die »Katakomben«. Kaiser Konstantin bekehrte sich schließlich zum Christentum, weil er begriffen hatte, dass die zum bloßen Opferzeremoniell und Kaiserkult erstarrte römische Staatsreligion die Heilssehnsucht der Menschen nicht erfüllen konnte und zudem die Frohbotschaft Jesu alle Menschen (über Schranken der Geschlechter, Klassen, Nationen und Hautfarben hinweg) ansprach.
So wurde das Christentum seit 313 im Reich zunächst toleriert, 381 dann sogar allgemeine Staatsreligion. Jetzt endlich konnte sich das Christentum öffentlich mit eigenen Gottesdiensträumen darstellen. Man baute in der frühchristlichen Epoche keine neuen Kirchen, sondern gestaltete einen bereits überall im Reich verbreiteten Gebäudetyp für den christlichen Gottesdienst um: die Basilika. Wörtlich übersetzt heißt basilika »Königshaus«. Es war ein großer Versammlungsraum, der ursprünglich der Gerichtsbarkeit diente. Die wachsende Christenschar konnte in dieser meist dreischiffigen, flachgedeckten Halle (Holzgebälk) Platz finden. In der »Königshalle Christi« ging der Weg der Gemeinde durch das längliche Mittelschiff zu einer halbrunden Apsis hin, in der jetzt aber nicht mehr ein vermeintlicher Gott Mensch in der Person des Kaisers verehrt wurde, sondern sich der alle einladende eucharistische Altar befand. Um diesen versammeln sich Christen zum Teilen des Brotes, in dessen Gestalt der gekreuzigte Auferstandene anwesend ist. Der Typ der frühchristlichen Basilika breitete sich übers ganze Reich aus, ein Beispiel bei uns in Deutschland ist in Trier zu bewundern.

M 9

b) Die romanische Basilika

Abtei St. Hildegard, Rüdesheim-Eibingen

In den folgenden Jahrhunderten zerfällt das Römische Reich durch die Erschütterung von Völkerwanderungen; der Schwerpunkt der mittelalterlichen Geschichte rückt vom Süden ins Zentrum Europas: Die westgermanischen Franken begründen ein neues Großreich, das den größten Teil Westeuropas vereint und eine Verbindung zwischen Germanentum und Christentum schafft, die das Mittelalter prägen wird. Doch im 9. und 10. Jahrhundert verunsichern (erneut) Völkerwanderungen das fränkische Reich, und so verwundert es nicht, dass die Gotteshäuser dieser romanischen Zeit wie Fluchtburgen (»Gottesburgen«) aussehen. Hier konnten die bedrohten Menschen im Konfliktfall geistigen und handfesten Schutz suchen; wenige Fenster und dicke Mauern bildeten eine Schutzwehr. Mit der Zeit wurde diese Architektur komplizierter: Ein Querhaus kam hinzu und verlieh der Kirche einen kreuzförmigen Grundriss (vgl. Kreuz Christi, Gestalt des Menschen überhaupt, vier Himmelsrichtungen; Altar geostet). Dazu kamen Emporen, Nebenapsiden und vor allem Türme als Zeichen der Aufwärtsgerichtetheit des Gläubigen. Die romanische Kirche sah jetzt aus wie eine kleine Stadt – die »Stadt Gottes unter den Menschen«, die mitten in unwirtlichen Einöden allen Hilfe Suchenden Einlass bot. Und schließlich hatten die Bautechniker noch etwas Neues entwickelt: Statt der einfachen, flachen Holzdecke konnte man jetzt das Kirchenschiff mit Stein überwölben (zuerst in Speyer 1030–61) – das Rundgewölbe versinnbildlichte für die Menschen in einer unruhigen Zeit die Glaubenshoffnung, dass Gott schützend seine Hand über sie hielt (Ausbreitung vor allem in Frankreich und Deutschland, hier besonders Limburg, Mainz, Worms).

M 10

c) Die gotische Kathedrale

Zisterzienser-Abtei, Marienstatt

Während an vielen Orten noch an romanischen Basiliken gebaut wurde, entsteht in Paris um 1140 eine neue epochale Bauidee: die Gotik. Statt breiter, schwerer Rundbögen baute man jetzt feingliedrige Spitzbögen, die zusammen mit schlanken Pfeilern nahezu das gesamte Raumgebilde tragen konnten – Wände aus Stein waren größtenteils überflüssig, stattdessen gestaltete man die Wände durch großflächige, bunte Fenster, die unglaubliche Lichtmengen einfließen ließen.
Und dies war auch die theologische Grundidee: Gott ist Licht! Man kann es nicht greifen, doch es ist der Urgrund allen Lebens. Gott sendet Licht aus, alle geschaffenen Dinge reflektieren es – so geht alles von Gott aus und kehrt zu ihm zurück. Wie das Licht durch das fast körperlose Glas hindurchgeht, so durchleuchtet das Wort Gottes (die Bibel, Jesus Christus) den Menschen, ja die gesamte Wirklichkeit. Besonders fallen die mächtigen Fensterrosen auf. Sie versinnbildlichen zum einen die strahlende Sonne mit einem Zentrum, das alles erhellt und erhält, zum anderen ist die Rose Sinnbild göttlicher Liebe als Grund allen Lebens, Strebens und Erkennens. Die Türme dieses »Hauses aus Licht« wurden spitzer, höher, sie sollten die Aufwärtsbewegung der Gläubigen versinnbildlichen. Die kolossalen Bauprojekte, besonders das kostbare Glas, waren teuer: Die gotischen Kathedralen des 12. bis 15. Jahrhunderts wurden von den reichen Bürgern der aufsteigenden Städte finanziert; sie waren Wahrzeichen eines neuen selbstbewussten Standes, der auch weiterhin für die Geschichte bestimmend wurde (Verbreitung: Frankreich, England, Deutschland, hier besonders Köln, Freiburg, Regensburg).

M 11

d) Die barocke Kirche

Abteikirche der Benediktiner, Benediktbeuern

Über viele Jahrhunderte hinweg bestimmt die Gotik die Gotteshäuser in Mitteleuropa. Im 16. Jahrhundert spaltet die Reformation die Gläubigen in zwei große Lager. Die Reformation Martin Luthers (1483–1546) betont die von allem Überflüssigen gereinigte Schlichtheit des Glaubens: Nur die Schrift soll Fundament des Glaubensvollzugs sein. Konsequenterweise waren die protestantischen Gotteshäuser schmucklos und nüchtern, nichts sollte von der zentralen Verkündigung des Schriftwortes ablenken. Im bewussten Gegensatz dazu entwickelt sich der typisch katholische Stil des Barock: Alle Sinne des Menschen und entsprechend alle Gestaltungsmöglichkeiten kunstvoller Ausschmückung sollen zum Zuge kommen, um die Verbindung zwischen Sinnlichem und Übersinnlichem erfahrbar zu machen. Alles scheint in Bewegung zu sein: Kurven, Schnörkel, Ellipsen, Ovale und Kreise, Stuckfiguren, überwältigende Scheingewölbe ziehen den Betrachter förmlich himmelwärts. Wenn die Geistlichkeit in prächtigen Gewändern einzog, Weihrauchduft umherwehte, das Licht mit Farben und Figuren spielte und ein Chor mit Orgel aufbrauste, bildete dieser »Konzertsaal Gottes« ein Gesamtkunstwerk, das das typisch katholische Lebensgefühl dieser Epoche widerspiegelte. (Verbreitung: Südeuropa, vor allem Süddeutschland und Österreich; Abbildung: Klosterkirche St. Benedikt im Kloster Benediktbeuern/Oberbayern; erbaut von 1681 bis 1686; Kloster 739 gegründet, bis zur Säkularisation Benediktiner-Kloster, dann ab 1930 Salesianer Don Boscos mit Hochschule und zahlreichen geistlichen und sozialen Aktivitäten.)

M 12

d) Moderner Kirchenbau

Michael Schmitt, Frankfurter Abendmahl

Die Moderne bedeutet eine Revolutionierung aller Lebensbereiche, in der alte Normen und Traditionen im großen Umfang aufgelöst werden; insbesondere die 60er und 70er Jahre unseres Jahrhunderts bringen eine starke »Verweltlichung« mit sich. Das Zweite Vatikanische Konzil (1962 bis 1965) nimmt diese Veränderungen jedoch nicht resignativ hin, sondern greift sie mutig auf. Demgemäß vesteht sich die Kirche als wanderndes Volk Gottes auf dem Weg mit der gesamten Menschheitsfamilie.

Neue Gotteshäuser sollen sich weniger monumental und prunkvoll aus dem Gesamtbild einer Stadt hervorheben, sondern vielmehr einen eher unauffälligen Dienstcharakter haben. Sie sollen offen sein für die Probleme der sie umgebenden Gesellschaft; primär sollen sie ganz selbstverständlich allen Belangen der Gemeinde dienen, nicht nur dem liturgischen Bereich. Das geläufige Motto: »Von der Einraum-Kirche zum Gemeindezentrum« versucht dies auf den Begriff zu bringen. Die Kirchen-Architektur kennt keine verbindliche Formensprache mehr, der Altar ist jedoch häufig ins Zentrum runder und vieleckiger Grundrisse gerückt (Priester wendet dem Volk nicht mehr den Rücken zu), funktionale Räumlichkeiten für das Gemeindeleben sind vielfältig mit dem eigentlichen »Kirchen«-Raum verbunden.

M 13

Zusammenschau:
Kirche – Haus Gottes unter den Menschen im Wandel der Zeiten

Epoche und Zeit (ca.)	Stilmerkmale	Geographischer Schwerpunkt

Historischer Hintergrund	Theologischer Hintergrund	Charakteristisches Bildwort

Blick über den Zaun: Gottes-Häuser in anderen Weltreligionen

M 14

Die Moschee

Die Moschee war zunächst ein normales Haus, in dem Rechtsstreit entschieden und unterrichtet wurde. Mit der Zeit kam bei den Moslems jedoch die Überzeugung auf, dass es sich hier um einen heiligen Raum handele. So heißt »Moschee« wörtlich übersetzt »Ort, wo man sich niederwirft«. Eine Moschee, die eine große Menschenmenge zum Freitagsgebet aufnimmt, heißt »gami«, d. h. »Ort, der versammelt«. Grundsätzlich gliedert sich die Anlage der Moschee in drei große Teile:

1 Hauptgebäude/Betsaal (Haram),
2 offener Innenhof mit Brunnen/Wasserbecken für rituelle Waschungen,
3 Minarett (von dort ruft der Muezzin fünfmal täglich zum Gebet).

Der große Betsaal wird durch Säulen in eine Vielzahl von Schiffen unterteilt. Die zahlreichen Säulen bilden gewissermaßen einen Wald – der Baum ist ein Lebenssymbol, das Paradies wird im Koran mit einer schattigen baumbestandenen Oase verglichen. Die den Betsaal gliedernden Schiffe haben alle die gleiche Höhe – Zeichen für die Gleichheit aller Gläubigen vor Allah.

Wichtigster Orientierungspunkt ist die
4 Gebetsnische (Mihrab), nach Mekka gerichtet.
5 In der Freitagsmoschee gibt es noch einen erhöhten Predigerstuhl (Minbar), meist steht er neben dem Mihrab.

Die Inneneinrichtung ist schlicht, nichts soll vom Gebet und der Schriftlesung ablenken. Auf dem Boden liegen einfache Matten oder Teppiche (Betreten der Moschee nur barfuß); das Bilderverbot des Islam erlaubt nur Ornamentik (»Arabesken«) und Kalligraphie (Schönschrift) als künstlerische Ausschmückung.

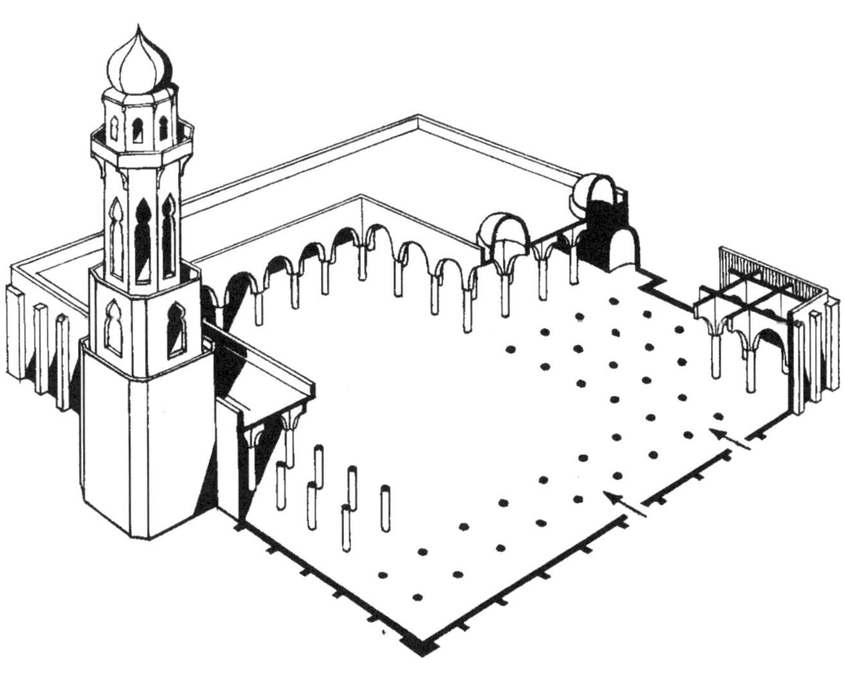

- Trage die architektonischen Grundelemente der Moschee mit den entsprechenden Zahlen in die Zeichnung ein.
- Verdeutliche dir die Gemeinsamkeiten und die Unterschiede zwischen Moschee und christlicher Kirche.

M 15

Die Synagoge

Nach der Tempelzerstörung im Jahr 70 n. Chr. und nach einem gescheiterten Aufstand gegen die römische Besatzung wurde das palästinensische Judentum in alle Welt vertrieben; die Juden lebten fortan in der »Diaspora« (griech.; »Zerstreuung«). Einigendes Band des Judentums war der Gottesdienst in der Synagoge (griech.; »Versammlungsraum«). Diese ist jedoch nicht nur als Gebets-Haus zu verstehen, sondern als umfassendes Lebens-Haus der Gemeinde. Hier trifft man sich zum Diskutieren, Feiern, Essen und Trinken und vor allem zum Unterricht. So ist im Jiddischen (mittelhochdeutsche Sprache der Juden Osteuropas) das Wort für Synagoge »Schul«. Eine Synagoge ist also insgesamt eine Art »jüdisches Rathaus«.
Die äußere Architektur richtet sich in der Regel nach dem Stil der jeweiligen Zeit und nach lokalen Gepflogenheiten. Die Innenausstattung hat jedoch notwendige Grundelemente:

1 Die heilige Lade/der heilige Schrein (Aron hakodesch) an der Stirnseite und Ostwand, d. h. nach Jerusalem ausgerichtet. In der Lade befinden sich die Tora-Rollen (fünf Bücher Mose). Dieser Aufbewahrungsort der heiligen Schriften ist – je unterschiedlich – architektonisch durch Schmuckelemente (z. B. edle Materialien, Überkuppelung) hervorgehoben.
2 Aus den heiligen Schriften gelesen und gebetet wird vor einem erhöhten Pult aus (Almemor), das oft das räumliche Zentrum bildet.
3 Verschiedene Leuchter, die an die Leuchter im Jerusalemer Tempel erinnern sollen.
4 Die Frauenempore: In orthodoxen jüdischen Gemeinden gilt Geschlechtertrennung: Die Frauen sitzen manchmal im hinteren Bereich, oft jedoch auf einer Empore mit Gitter oder Vorhang. (Der jüdische Gottesdienst kann erst beginnen, wenn mindestens zehn religionsmündige Männer anwesend sind.)

Gemäß dem alttestamentlichen Bilderverbot des Dekalogs (Exodus 20,4) fehlen bildliche Darstellungen; die Ausschmückung des Raumes geschieht mit Ornamentik und anderem.

Die Synagoge »Friedberger Anlage«/ Frankfurt am Main (1907)

- Fasse die notwendigen architektonischen Grundelemente des jüdisches Gottes-Hauses zusammen und trage sie mit der entsprechenden Nummer versehen in die Zeichnung ein. Was entdeckst du darüber hinaus auf dem Bild?
- Überlege: Welche Gemeinsamkeiten, welche Unterschiede gibt es zwischen der Synagoge und dem christlichen Gotteshaus?

M 16

Die Reichs-Pogrom-Nacht 9./10. November 1938

In der Nacht zum 10. November 1938 erreichte der Judenhass der Nationalsozialisten in Deutschland seinen (vorläufigen) traurigen Höhepunkt: Die jüdischen Gotteshäuser wurden geplündert, angezündet und zerstört. Jüdische Mitbürger wurden gedemütigt und in Konzentrationslager abtransportiert. Am Ende des 2. Weltkriegs waren etwa sechs Millionen Juden ermordet worden.

- Forscht nach der Geschichte und dem Schicksal der jüdischen Gemeinde in eurem Umkreis besonders für die Zeit zwischen 1933 und 1945.
- Gibt es bei euch eine Synagoge? Was geschah mit der Synagoge vor Ort in der Reichspogromnacht?
- Was geschah mit der Synagoge in der Folgezeit, falls Reste übrig blieben – ganz abgerissen, umgebaut, zweckentfremdet ...? Wie sind die Besitzverhältnisse?
- Wie sollte man deiner Meinung nach heute der Schrecken von damals gedenken?
- Besucht die nächstgelegene Synagoge.

Am Morgen nach der Reichspogromnacht!
Das Bild zeigt eine typische Landsynagoge, hier in Crumstadt/ Hessen. Das Gotteshaus bestand seit 1828; wenige Tage nach der Zerstörung wurde es ganz niedergerissen. Wer von den jüdischen Mitbürgern nicht frühzeitig fliehen konnte, wurde in die Vernichtungslager verschleppt.

M 17

Streit um Gotteshäuser – Deine Meinung ist gefragt!

- Judentum, Christentum, Islam – oft nennt man sie die »abrahamitischen« Religionen, weil sie den großen Stammvater Abraham als Ursprungsgestalt haben – sind in vielen Wesenszügen verwandt. Manchmal jedoch gibt es Streit, wenn ihre Gotteshäuser zu eng zusammenrücken. In Mannheim etwa stehen ein christlicher Kirchturm und ein moslemisches Minarett friedlich beieinander. Mancherorts gibt es jedoch Streit darüber, ob überhaupt eine Moschee errichtet werden soll oder ob bei einer bereits bestehenden der Gebetsruf des Muezzin per Lautsprecher über die ganze Stadt erschallen soll. In einer mittelgroßen Stadt des Rhein-Main-Gebiets etwa äußerte sich der Bürgermeister zum Plan, ein »islamisches Kulturzentrum« mit Moschee zu errichten, provokativ mit folgendem Satz: »So lange in Mekka keine christliche Kirche steht, wird auch bei uns hier keine Moschee gebaut.«
- In der Odenwald-Gemeinde Rimbach brannte in der Reichspogromnacht am 9. November 1938 wie in vielen anderen deutschen Städten die Synagoge. Der Vorstand der jüdischen Gemeinde wurde gezwungen, das Gottes-Haus zu verkaufen. Zwischenzeitlich Feuerwehrhaus wurde das Haus 1951 zur katholischen Kirche umgebaut. Manche sagen: Diese bauliche Umgestaltung der ehemaligen Synagoge kommt einer zweiten Zerstörung gleich!
- In Auschwitz (poln.: Oswiecim, Bezirk Krakau) wurden im größten Massenvernichtungslager der Nazis fast drei Millionen Menschen, zumeist Juden, ermordet. Bis 1993 existierte in unmittelbarer Nähe des Konzentrationslagers eine Kirche mit einem Kloster katholischer Schwestern. Auf Druck jüdischer Organisationen verließen schließlich die Nonnen das Gelände (die Vatikanische Ordenskongregation hatte eingelenkt).

Überlegt selbst und entscheidet, gegebenenfalls in einem Rollenspiel:

- Worin besteht der konkrete Streitpunkt des jeweiligen Falls?
- Welche Argumente und welche Gefühle stehen sich gegenüber?
- Welche historischen Erfahrungen spielen unweigerlich in den Streit hinein?
- Wie würdest du den Streit nach reiflicher Überlegung entscheiden? Ist eine gütliche Einigung denkbar und möglich?

Bilder vom Haus Gottes – selbstkritisch

M 18

M 19

R. O. Hodgell:
For he had great possessions

M 20

M 21

M 22

Die unvollkommene Kirche

Zum weisen Einsiedler kam eines Tages ein junger Mensch und sagte, er sei von der Kirche enttäuscht und suche die vollkommene Gemeinschaft der Gläubigen. Da führte ihn der Alte zum Mauerwerk seiner kleinen Kapelle und fragte ihn: »Sag mir, was du siehst.« »Ich sehe ein altes Gemäuer mit viel Unkraut und Moos«, entgegnete der Besucher. »Und doch wohnt Gott in diesem scheinbar ungepflegten Haus«, meinte der Einsiedler. »So ist es auch mit der Kirche. Sie kann nicht rein und perfekt sein, weil sie aus Menschen besteht. Auch du bist ein Mensch, und ich sage dir: Selbst wenn du die vollkommene Kirche findest, wird sie es in dem Augenblick nicht mehr sein, in dem du ihr beitrittst.«

- Was will der Einsiedler mit seinem Vergleich zwischen der kleinen Kapelle und dem Gesamtphänomen Kirche aussagen?
- Erkläre den Schlusssatz mit eigenen Worten.

M 23

Die Baustelle

»Auf diesen Felsen ...«

Hier wird gebaut: Eine Kirche.
Baustelle der Zukunft.
Schauplatz kommender Ereignisse.

Unbefugte haben Zutritt.
Niemand ist an der Leine zu führen.
Spielende Kinder sind erwünscht.
Es darf gelacht werden.
Bürger, entfaltet eure Anlagen.
Das Betreten des Rasens ist angeboten.

Hier wird gebaut: Eine Kirche.
Baustelle der Zukunft.
Schauplatz kommender Ereignisse.

Lothar Zenetti

- Inwiefern kann »Kirche« eine »Baustelle der Zukunft« sein?
- Konkretisiere die Aussagen im mittleren Abschnitt.
- Kirche der Zukunft – wie würde »deine« Kirche der Zukunft aussehen als Kirchenbau (zeichne, beschreibe), als Gemeinschaft der Gläubigen?

M 24

Setze die gesuchten Wörter von oben nach unten (links beginnend) ein:

1 Mittelalterliche Epoche des Kirchenbaus: ...
2 Barocke Kirchen sind in Deutschland besonders verbreitet in ...
3 Das Lesepult der Synagoge nennt sich ...
4 Das möchte jeder haben: ...
5 Dieser römische Kaiser veranlasste als erster die Errichtung christlicher Gotteshäuser: ...
6 Das moderne Gotteshaus ist oft ein ganzes ...
7 Während Zeiten der Verfolgung mußten die frühen Christen in die ...
8 Das möchte keiner werden: ...
9 Das Gotteshaus der Moslems nennt sich ...
10 Gotteshaus bei den alten Griechen: ...
11 In gotischen Kathedralen soll es besonders zur Geltung kommen: ...

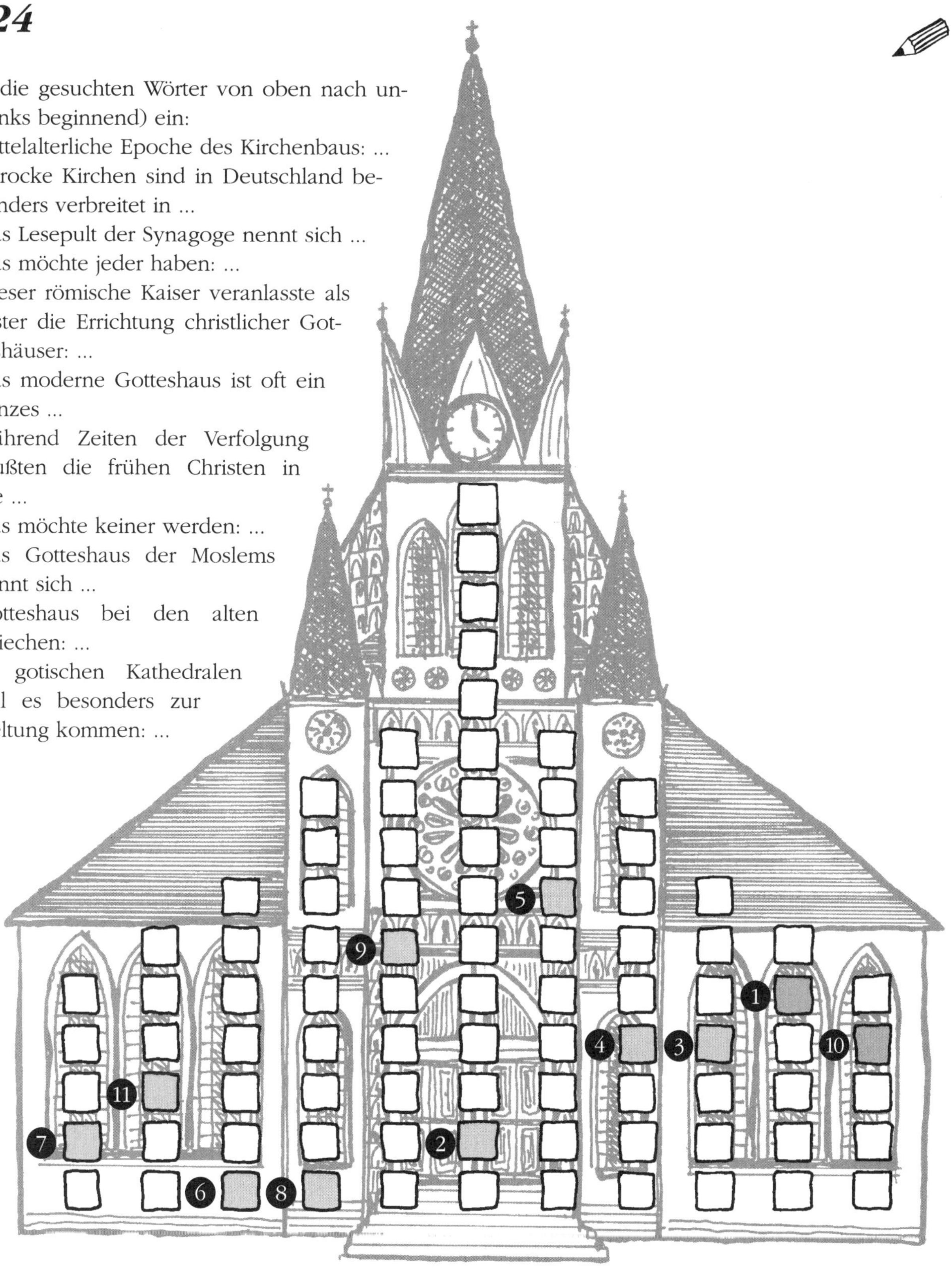

Die eingekreisten Buchstaben ergeben das Lösungswort, wenn sie in der angegebenen Reihenfolge hier eingetragen werden. Beim Lösungswort handelt es sich um ein Sakrament, um dessentwillen christliche Gotteshäuser gebaut werden.

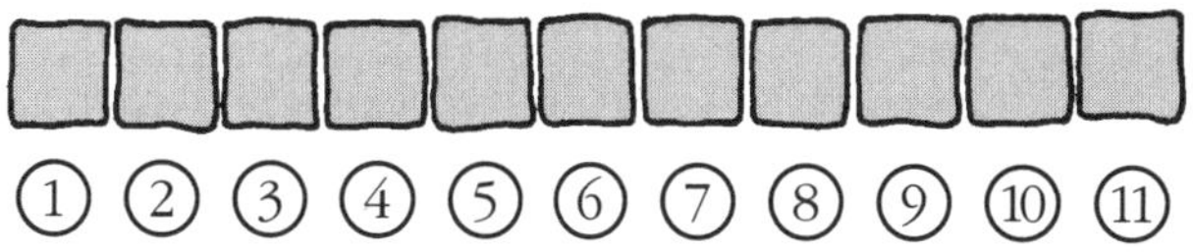

M 25

Übungsarbeit/schriftliche Kontrolle des Lernstoffes: »Haus Gottes« in Geschichte und Gegenwart

Nachname:

Vorname:

Klasse:

1. Die allerersten Christengemeinden feierten ihre Gottesdienste in der jüdischen Synagoge, weil ____ ____.

2. Im Laufe der Zeit trennten sich die christlichen Gottesdienstgemeinden jedoch von der Synagoge, denn es kam zu Meinungsverschiedenheiten besonders über ____ ____.

3. In den ersten Jahrhunderten mussten viele Gemeinden in den »Untergrund« der Katakomben gehen, weil ____.

4. Dies änderte sich ungefähr ab dem 4. Jahrhundert, weil ____ ____.

5. Die frühchristliche Basilika war ursprünglich ____ ____.

6. In der Apsis befand sich ursprünglich ____, bei den Christen befindet sich jedoch dann ____.

7. Die romanischen Kirchen werden oft mit »Fluchtburgen« verglichen. Eine umwälzende geschichtliche Entwicklung machte diese festungsartige Bauweise notwendig, es war dies ____ ____.

8. Die Decke der romanischen Kirche war nicht mehr wie die der frühchristlichen Basilika flach und niedrig, sondern ____ und ____.

9. Die gotische Kathedrale hatte im Gegensatz zu dem romanischen Bogen ____ Bögen.

10. Welcher wichtige Grundsatz sollte durch die besonders großen Fenster der Gotik anschaulich werden: ____.

11. Die katholischen Barockkirchen waren (1–2 Adjektive): ____, im Gegensatz dazu waren die Kirchen der Protestanten (1–2 Adjektive): ____ ____.

12. Im modernen Kirchenbau gibt es keine verbindlichen Stilformen mehr, dennoch lässt sich als Gemeinsamkeit für viele zeitgenössische Kirchen festhalten: ____ ____.

13. Die »Reichspogromnacht« ereignete sich in der Nacht vom ____ November auf die Nacht zum ____ November 19____. In dieser Nacht ____ ____.

Zugänge

M 1

Edward Hopper: Nighthawks (1942)

M 2

Katharina Fritsch: Tischgesellschaft (1988)

M 3

- Was will der Zeichner über unsere alltägliche Ess-»Kultur« aussagen?
- Überlege: Wie wird bei dir zu Hause gegessen?
- Wie möchtest du gerne essen? Allein? Mit anderen? Mit wem? In welcher Form?

Michael Schmitt, Fast Food Broadway

M 4

Bei Fast food gibt es einen neuen Drive

Der Trend geht mit dem Auto zum schnellen Essen

Eine flüchtige Gesellschaft, die hin und weg zum Prinzip erhoben hat – drinnen ist die Angelegenheit in durchschnittlich 15 Minuten gegessen. Draußen geht's noch schneller: eine Minute zwischen Bestellung und Essensausgabe. Am Autoschalter findet die Radikalversion der Snack-Kultur statt. Da treffen sich diejenigen, die bei der Nahrungsaufnahme ohne Tisch und Stuhl auskommen und nirgendwo reinlaufen wollen, um sich die Zwischendurch-Kalorien zu besorgen. Wird alles draußen vor der Tür erledigt.
Klar, daß es in den Fast-food-Filialen wuselt, weil es weit nach Mitternacht woanders nichts Warmes mehr gibt. Klar ist aber auch, daß noch vor einigen Jahren kaum jemand auf die Idee gekommen wäre, sich mitten in der Nacht den Bauch vollzuschlagen. Die Eßgewohnheiten ändern sich rasant. »Heute ist die schnelle Verpflegung zwischendurch gefragt«, weiß McDonald's-Gebietsleiter Joachim Amendt. Regelmäßiges Mittag- oder Abendessen zu Hause scheint für viele keine Rolle mehr zu spielen. Man schiebt sich etwas rein, wenn es gerade paßt. Hauptsache satt, nicht zu teuer und schön fix. Manchen Stammgästen unter den Schnellessern, auch das ein schleichender Wandel, ersetzt die Burger-Theke die Küche.
Erstaunlich ist nicht, daß beim Fisch-Drive-in etwa am Sonntag abend sechs Schlangen à zehn Leute standen, sondern daß die Klientel bunt gemischt war. Keineswegs nur die Trainingshosen-Fraktion, die mit Fast food assoziiert wird, sondern Geschäftsleute auf Durchreise, Familien, junge Leute und Rentner.
Vor allem Kindern läßt der Branchenprimus geschickt eine Hamburger-Sozialisation angedeihen. Zum Beispiel mit der »Junior-Tüte«, die stets wechselnde Gimmicks enthält – zur Zeit eine Mini-Barbiepuppe oder ein Spielzeugauto. »Ich könnte versuchen, die Kinder sonstwohin zu zerren – es geht nicht«, erzählt eine Mutter. So werden die Kleinen auf die McWelt gepolt, wo das Frühstück McMorning heißt, es McBaguettes und McCroissants gibt und man sich wundert, daß das dazugehörende Heißgetränk nicht McKaffee heißt. Die Vorsilbe garantiert Kontinuität. Die Produkte schmecken gleich, immer und überall, und genau das will die Kundschaft.

- Welcher Trend in der Ess-»Kultur« unserer Tage wird deutlich?
- Was meinst du dazu? Sollte es anders sein? Wie?

M 5

Schriftworte – Schlüsselworte

Der Mensch lebt nicht nur von Brot, sondern von jedem Wort, das aus Gottes Mund kommt.
Matthäusevangelium 4,4

Ich bin das Brot das Lebens; wer zu mir kommt, wird nie mehr hungern, und wer an mich glaubt, wird nie mehr Durst haben.
Johannesevangelium 6,35

Ich bin der Weinstock, ihr seid die Reben.
Johannesevangelium 15,5

Jesus, der Herr, nahm in der Nacht, in der er ausgeliefert wurde, Brot, sprach das Dankgebet, brach das Brot und sagte: Das ist mein Leib für euch. Tut dies zu meinem Gedächtnis! Ebenso nahm er nach dem Mahl den Kelch und sprach: Dieser Kelch ist der Neue Bund in meinem Blut. Tut dies, sooft ihr daraus trinkt, zu meinem Gedächtnis!
1. Korintherbrief 11,23–25

Brot und Wein – elementare Lebens-Mittel

M 6 Brot

Brot füllt uns mit Wohlbehagen,
wir fühlen uns wohl und warm,
ein warmer Laib,
Brot und Mensch,
Brot – Korn, aus der Erde wie ich.
Leben und Sterben –
Brot und Mensch,
Mensch und Brot.
Brot zum Leben, Lebensmittel,
Mittel zum Leben.
Leben – Brot ohne Not,
Not – Leben ohne Brot.
Brot wird gebrochen,
wird geteilt,
mitgeteilt.
Brot, das wir brechen,
verbindet uns,
schafft Gemeinschaft,
schenkt Vertrauen,
schließt Frieden.
Mit dem anderen uns teilen,
uns dem anderen mitteilen,
der andere teilt mit uns,
er teilt sich uns mit
durch Brot, das wir brechen.
Brot zum Leben –
glücklich zu preisen,
wer es sich bricht;
glücklicher,
wem es gebrochen wird;
am glücklichsten,
wer mit anderen es bricht.
Brot zum Leben,
ich brauche es,
du brauchst es,
er, sie und es brauchen es,
Brot zum Leben;
ich hab' es,
hast du es,
haben er, sie und es
Brot zum Leben?
Mein täglich Brot,
unser täglich Brot,
aller täglich Brot
gib heute
morgen
immer
mir
uns
jedem.
Geben und Nehmen,
Brot zum Leben.

Paul Kluge

M 7 Der Wert eines Brotes

Einen aufschlußreichen Test unternahm kürzlich ein englischer Journalist: Er kaufte ein Dreipfundbrot und stellte sich damit an belebte Straßenecken verschiedener Städte. Die Vorübergehenden forderte er auf, für dieses Brot eine Stunde lang zu arbeiten. Seine Ergebnisse: In Hamburg wurde er ausgelacht.
In New York von der Polizei festgenommen.
Im afrikanischen Nigeria waren mehrere Personen bereit, für dieses Brot drei Stunden zu arbeiten.
Im indischen Neu-Delhi hatten sich rasch mehrere hundert Personen angesammelt, die alle für dieses Brot einen ganzen Tag arbeiten wollten.

M 8

Der Gewissenswurm

M 9

George Grosz:
Der Fresser (1930)

M 10

Vladimir Renčin, Mondlandung

M 11

Ich war hungrig,

und ihr habt meine Nahrungsmittel
Eurem Vieh gefüttert.

Ich war hungrig,
und Ihr wolltet nicht auf das Steak
aus Südamerika verzichten.

Ich war hungrig,
und Eure Konzerne pflanzten
auf meinen besten Böden
Eure Wintertomaten.

Ich war hungrig,
aber wo Reis für meine
tägliche Mahlzeit wachsen
könnte, wird Tee für Euch
angebaut.

Ich war hungrig,
aber Ihr habt aus Zuckerrohr
und Maniok Treibstoff für
Eure Autos destilliert.

Ich war hungrig,
aber die Abwässer Eurer Fabriken
vergiften die Fischgründe.

Ich war hungrig,
aber mit Eurem Geld habt Ihr
mir die Nahrungsmittel
weggekauft.

Ich war hungrig,
aber für Eure Schlemmer
werden exotische Früchte auf
meinem Land angebaut.

Ich war hungrig,
aber Ihr habt mir nicht
zu essen gegeben!

M 12

Hunger ist kein Schicksal

800 Millionen Menschen leiden weltweit an Unterernährung, darunter etwa 200 Millionen Kinder. Dabei werden genügend Nahrungsmittel für alle produziert. Hunger ist keine Folge von Nahrungsmittelknappheit oder Bevölkerungswachstum. Hunger ist die Folge der ungleichen Chancenverteilung zwischen Arm und Reich, die Folge mangelnder Gerechtigkeit.

Hunger entsteht, wenn ...
- Menschen kein Land haben, um Nahrungsmittel anzubauen;
- Menschen kein Geld haben, um Nahrungsmittel zu kaufen;
- Infrastruktur und Vermarktungsmöglichkeiten im ländlichen Raum unzureichend sind;
- die Nahrungsmittelproduktion für den heimischen Markt zugunsten des Anbaus für den Export vernachlässigt wird;
- subventionierte Nahrungsmittelexporte aus Europa und den USA die lokalen Märkte in der Dritten Welt zerstören;
- transnationale Konzerne statt der örtlichen Bevölkerung die Nahrungsmittelproduktion kontrollieren;
- die Fischgründe durch industriellen Fischfang ausgebeutet werden;
- fruchtbares Ackerland durch Umweltschäden vernichtet wird;
- zuviel Getreide für die Produktion von Fleisch eingesetzt wird.

M 13

Hunger in der Welt – und was können WIR tun?

Sich darüber klar werden, dass ...

- auf der Erde eigentlich genügend Nahrung für alle produziert wird;
- jeder dritte Deutsche an Übergewicht leidet, während weltweit jeder siebte Mensch nicht genügend zu essen hat;
- bei uns zu viel, zu fett, zu süß, zu salzig, zu einseitig gegessen wird;
- bei uns Essen nicht mehr nur Nahrungsaufnahme ist, sondern durch die Werbung zu einem »modischen« Erlebnis gemacht werden soll;
- 80 % unserer Nahrungsmittel industriell produziert werden;
- die Transportwege immer aufwendiger und länger werden, z. B. auch die energieaufwendige »Kühlkette«;
- der Berg an Verpackungsmüll für solche Waren immer höher wird;
- der zu hohe (und ungesunde!) Fleischkonsum in der Ersten Welt auf Kosten der Dritten Welt geht, wo deswegen Regenwälder zur Viehhaltung gerodet und wertvolle Nahrungsmittel (wie etwa Soja) an das Mastvieh verfüttert und exportiert werden;
- viele gute Anbauflächen der Dritten Welt zweckentfremdet werden für Luxusbedürfnisse der Ersten Welt wie z. B. Spargel, Erdbeeren und Rosen im Winter.

Das eigene Verhalten ändern, z. B.

- den Fleischkonsum einschränken, dafür mehr Gemüse, Obst, Körnerprodukte essen;
- möglichst naturbelassene Produkte essen;
- sich möglichst für Nahrungsmittel aus ortsnaher Produktion und aus saisongerechtem Anbau entscheiden;
- Nahrungsmittel aus ökologischem Anbau und artgerechter Tierhaltung bevorzugen;
- keine Produkte kaufen, deren Herkunft und Inhaltsstoffe man nicht kennt;
- im unmittelbaren Verantwortungsbereich (Familie, Schule, Kirchengemeinde) auf diese Veränderungen werbend hinweisen;
- einmal einen »Wüstentag« einlegen (einen Tag nur wenig essen), damit man spürt, wie Hunger sein kann;
- einmal ein Brot backen, damit man erfährt, wie gut frisches Brot tut.

Vom eucharistischen Mahl

M 14

Sieger Köder: Das Mahl (Ausschnitt aus Misereor-Hungertuch 1996)

M 15a

Ein Sprichwort sagt: Hände sprechen Bände. Die vielen Hände auf dem Bild geben Zärtlichkeit und Liebe weiter, drücken Vertrauen und Vertrautheit aus.
Übergroß reichen die von Wundmalen gezeichneten Hände in das Bild. Sie brechen das Brot und teilen es aus. »Ich habe dich dazu bestimmt, der Bund zu sein für das Volk, aufzuhelfen dem Land und das verödete Erbe neu zu verteilen« – so heißt es im Lied vom Gottesknecht. »Sag den Gefangenen: Komm heraus! und denen, die in der Finsternis sind: Komm ans Licht!« (Jesaja 49,8f.). Der das Brot bricht, erbarmt sich der Armen. Er öffnet seine Hand und sättigt alles, was lebt, mit Gutem (Psalm 104,28).
Jesus bricht das Brot, teilt es mit den Menschen, die um den Tisch sitzen, und teilt sich selbst mit: Er ist Brot, nie erlöschende Liebe für das Leben der Welt. Das Brotbrechen war und ist sein Erkennungszeichen. Wenn sie die Gaben annehmen und weiterreichen, geht den Menschen auf, daß sie sein Tun fortsetzen sollen: teilen, sich mitteilen, da sein füreinander, auf Tuchfühlung gehen, für andere zum Sakrament werden.
Was die Menschen um den Tisch gesucht und gefunden haben, das wird auch uns geschenkt: Wir dürfen Teil der Mahlgemeinschaft sein, zu der Jesus uns einlädt, wir dürfen bei Brot und Wein ausruhen, sind geborgen und umschlossen von guten Händen.

M 15b

Drei Kinder sitzen mit am Tisch – das eine reicht kaum über die Tischkante, die beiden anderen, ein schwarzes und ein indianisches Kind, schauen erwartungsvoll nach oben. Die Hände mit den Wundmalen teilen das Brot und reichen es weiter – auch und gerade an die Kinder.
Wieviel Kindersehnsucht, wieviel Kinderleid sprechen aus den Blicken dieser Kinder! Es ist nicht nur der Hunger nach Brot, sondern mehr noch das Verlangen nach Wärme, nach Angenommensein und Liebe. Nicht alle Kinder haben eine hoffnungsvolle Zukunft vor sich. Kinder müssen oft unsägliches Leid erdulden, sie werden geschlagen, ausgenutzt, ausgesetzt, vergewaltigt. Manche Kinder haben das Leben hinter sich, ehe sie erwachsen geworden sind.
Weite, offene Augen haben die Kinder auf dem Mahlbild. Auch ihre Münder sind geöffnet: als wollten sie gerade eine Frage stellen. Diese Kinder wollen lernen und eigene Erfahrungen machen. Menschen wie ihnen, sagt Jesus, gehört das Reich Gottes (Markus 10,14) – Menschen, die bereit sind, sich von Gott beschenken zu lassen.
Das macht Kindheit aus: noch nicht auf eigenen Füßen stehen können, angewiesen sein auf die Hilfe der Erwachsenen, aufschauen zu den Großen, sich ihrer Hand überlassen im Vertrauen darauf, daß sie es gut meinen. Kinder können in sorgloser Unbefangenheit zu Gott wie zu ihrem Vater Abba – das heißt Papa – sagen. Sie lehren uns die Unvoreingenommenheit und Unmittelbarkeit, die für ein vertrauensvolles Verhältnis zu Gott notwendig wären.

M 15c

Ein Liebespaar gehört zur Tischgemeinschaft. Innig sind die beiden einander zugewandt. Was sie verbindet, ist zart, voller Duft und Farbenpracht – wie die Rosen, die der Mann seiner Geliebten reicht. Wenn zwei Menschen zu Recht an diesem Tisch sitzen, dann die Liebenden! Sie verkörpern die Liebe, die nicht für sich selbst bleiben kann, die im Weiterschenken nicht weniger, sondern mehr und tiefer wird und neues Leben hervorbringt.
Die rote Farbe beherrscht den oberen Teil des Bildes. Der Maler, der so verschwenderisch mit dieser Farbe umgegangen ist, mag an die Bitte der Liebenden aus dem Hohenlied gedacht haben:
»Leg mich wie ein Siegel auf dein Herz,
wie ein Siegel an deinen Arm!
Stark wie der Tod ist die Liebe,
Ihre Gluten und Feuergluten.«
(Hoheslied 8,6)
Oder geht das Bild noch einen Schritt weiter? Rot symbolisiert die lebenspendende Liebe und das Blut, das sich verströmt. »Liebt einander, wie ich euch geliebt habe«, sagt Jesus. »Es gibt keine größere Liebe, als wenn einer sein Leben für seine Freunde hingibt.« (Johannes 15,12f.).

M 15d

Wer ist der Schwarze, der in sich versunken den Wein trinkt? Er ist einer von denen, die ausgeschlossen werden ihrer Hautfarbe wegen, die sich verkriechen müssen hinter Ghettomauern, jetzt aber hereingeholt werden in die Tischgemeinschaft.
Der Mann steht am Rand, erwartungsvoll – einer von denen, die von den Straßen und Gassen zum Festmahl des Messias gerufen werden (Lukas 14,15–24). Was er zeitlebens gesucht hat, wird ihm nun geschenkt: die Wahrheit und das Leben, das Angenommensein und Dazugehören. Glanz liegt auf seinem Gesicht. Er trinkt den Becher des Heils. Er hat den getroffen, der ihm Identität gibt und Lebensmut: Jesus.
Er trinkt das Leben in vollen Zügen und erkennt: Jesus ist der Heilige Gottes (Johannes 6,68f.). Und die Frau, die ihre Hand auf seine Schulter gelegt hat, öffnet ihm den Zugang zur Mahlgemeinschaft. Sie läßt ihn teilhaben an der Verheißung des Gottesreiches.
Für den Mann ist der Wein zum Sakrament geworden: Durch den Wein ist er verbunden mit dem, der die Gaben mit vollen Händen austeilt. Der Schwarze ist hineingenommen in das Heil – und wir, die wie er Leben suchen, können uns in ihm wiederfinden.

M 15e

Von Mütterlichkeit, von Hingabe und Durchsetzungsvermögen sprechen die beiden Frauen auf dem Mahlbild. Liebevoll sucht die eine die Hand Jesu – die durchbohrte Hand des Gekreuzigten und Auferstandenen. Von Vertrauen in die Zukunft ist der Blick der anderen Frau bestimmt. Mit zärtlicher Gebärde umfaßt sie das Kind und legt ihre Hand auf die Schulter des Schwarzen.
Die beiden erinnern an die prophetischen Frauen, von denen die Bibel erzählt: Frauen wie Debora, die Richterin, und Judit, die ihren Mut und ihre Klugheit einsetzen, um Israel von seinen Feinden zu befreien – Frauen wie Mirjam, die die Befreiung aus einem menschenunwürdigen Leben mit Tanz und Gesang bejubelt – und schließlich die Frauen aus dem Jüngerkreis Jesu, die den Aposteln die Botschaft vom leeren Grab bringen. Frauen sind es, die das Neue verkünden: Der Gekreuzigte lebt, er ist auferweckt worden – Leben wächst aus dem Tod.
Die beiden Frauen auf dem Bild stehen aber auch für die vielen Frauen, die sich – ausgenutzt, vergewaltigt und allein gelassen – durchs Leben schlagen müssen, die für ihre Rechte kämpfen, die voller Zuversicht für ihre Familien sorgen, die Verantwortung in Beruf und Gesellschaft übernehmen. Gerade in unseren Tagen machen sich Frauen auf, um aus ihrer weiblichen Sicht die Bibel zu lesen und ihren Teil der Glaubenstradition zu entdecken. So stehen die beiden Frauen für die vielen, die mit Phantasie, mit zupackendem Handeln, sicherlich auch im Tragen und Mittragen von Leid das Leben weiter ermöglichen.

M 15f

Für wen ist der mit Broten, Fischen, Früchten, Reis und Getränken überhäufte Tisch gedeckt, der die Mitte des Mahlbildes ausmacht? Es ist Gottes Tisch, bereitet für das Festmahl aller Völker (Jesaja 25,6–9). Und dieses Fest erinnert an die wunderbare Speisung der vielen, die im Markusevangelium erzählt wird (Markus 6,30–44). Alle würden satt, wenn ein jeder sein Brot mit den Hungrigen teilte.
Denn Brot, geteilt und weitergereicht, befreit von der Ängstlichkeit, nur für das eigene Ich sorgen zu müssen. Brot, das den Hunger stillt, ist Speise für Leib und Seele, es schenkt Zufriedenheit, Wärme und Geborgenheit. Das Brot der Zuneigung und Liebe spiegelt nicht zuletzt das Leben dessen, der im Weinbecher in der Mitte des Tisches zu erkennen ist: Jesus.
Gaben liegen auf dem Tisch, uns geschenkt zum Teilen, zum Weitergeben und Genießen. Sie wollen uns verändern, wollen uns anstoßen, auf andere zuzugehen, uns einzusetzen für Gerechtigkeit und so zu leben, daß alle leben können.

M 16

2. So gab der Herr sein Leben, verschenkte sich wie Brot. Wer dieses Brot genommen, verkündet seinen Tod. Geheimnis ...

3. Wer dies Geheimnis feiert, soll selber sein wie Brot; so läßt er sich verzehren von aller Menschennot. Geheimnis ...

4. Als Brot für viele Menschen hat uns der Herr erwählt, wir leben füreinander, denn nur die Liebe zählt. Geheimnis ...

T: Lothar Zenetti M: Peter Kemplin

M 17

Oskar Kokoschka: Christus speist die hungernden Kinder (1946)

M 18

Empfangt, was Ihr seid:
Leib Christi,
damit Ihr werdet,
was Ihr empfangt:
Leib Christi.

Augustinus
(bedeutender Theologe des 4. Jahrhunderts)

M 19

Wir müssen gut sein
wie ein Stück Brot,
das auf dem Tisch liegt
und für jeden da ist.

Papst Johannes Paul II.

M 20

Silbenrätsel

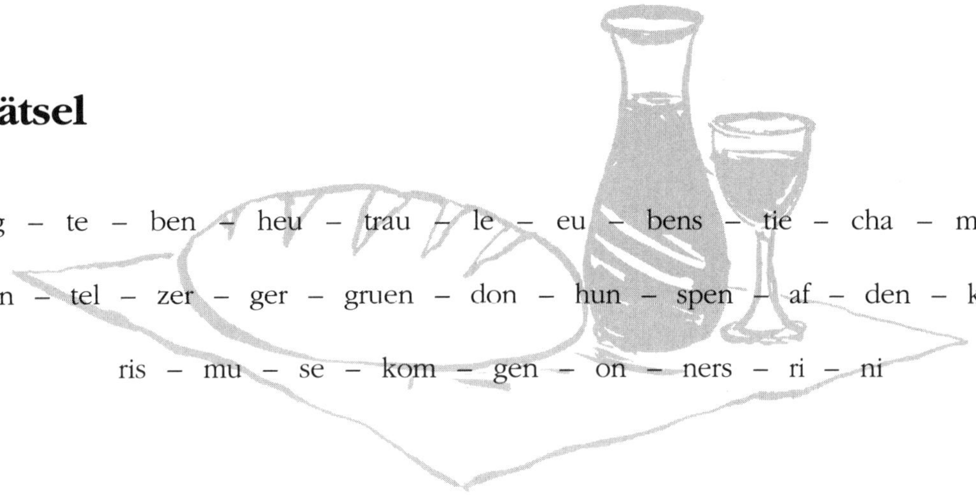

tag – te – ben – heu – trau – le – eu – bens – tie – cha – mit –

win – tel – zer – ger – gruen – don – hun – spen – af – den – ka –

ris – mu – se – kom – gen – on – ners – ri – ni

Obenstehende Silben brauchst du zur Beantwortung folgender Fragen:

1 Brot und Wein sind grundlegende ...
2 Sakrament, bei dem Brot (und Wein) ein wichtige Rolle spielt/spielen: ...
3 Er stellt den Wein her: ...
4 Wenn Brot fehlt, herrscht ...
5 Davon kann vielen Hungernden geholfen werden: ...
6 Auf diesem Kontinent hungern besonders viele Menschen: ...
7 Eucharistie ist ursprünglich ein griechisches Wort, das lateinische Wort dafür ist ...
8 Der Priester spricht über Brot und Wein einen ...
9 Jesus feierte sein letztes Abendmahl am ...
10 Wein wird gemacht aus ...
11 »Unser täglich Brot gib uns ...«

Die gefundenen Wörter bitte hier eintragen:

1						○									
2					○										
3			○												
4		○													
5					○										
6					○										
7						○									
8			○												
9	○														
10			○												
11															

Die eingekreisten Buchstaben ergeben – neu zusammengesetzt – die deutsche Übersetzung des griechischen Wortes »Eucharistie«.

Zugänge

M 1

»Den Leuten auf's Maul geschaut«: Redensarten – Sprichwörter – Lebensweisheiten

a) Stille Wasser gründen tief.
b) Er ist mit allen Wassern gewaschen.
c) Anderen Wasser predigen, selber Wein trinken.
d) Das Wasser steht ihr bis zum Hals.
e) Steter (Wasser-)Tropfen höhlt den Stein.
f) Etwas schlägt hohe Wellen.
g) Das war eine kalte Dusche.
h) Ein Sprung ins kalte Wasser.
i) Seine Schiffe hinter sich/am Ufer verbrennen.
j) Das Staatsschiff lenken.
k) In den sicheren Hafen einlaufen.
l) Schiffbruch erleiden.
m) Jemanden ausbooten.
n) Klar Schiff machen.

a) ______________________
b) ______________________
c) ______________________
d) ______________________
e) ______________________
f) ______________________
g) ______________________
h) ______________________
i) ______________________
j) ______________________
k) ______________________
l) ______________________
m) ______________________
n) ______________________

Denke über Bedeutung und Sinn dieser Redensarten, Sprichwörter und Lebensweisheiten nach. Formuliere dies jeweils rechts in deinen eigenen Worten. (Willst du einmal versuchen, das eine oder andere zeichnerisch oder pantomimisch darzustellen?)

M 2

Wasser-Geschichten ...

Schreib eine Wasser-Geschichte zu dem nebenstehenden Bild aus der Sicht ...

- eines Schiffbrüchigen;
- eines Wassersportlers;
- eines Menschen, der eine Überflutung seines Hauses befürchtet;
- eines Bauern, der aus einem großen Binnensee seine Felder bewässert;
- eines Menschen, der zum ersten Mal in seinem Leben das Meer erlebt;
- eines Touristen, der seinen Urlaub am Meeresstrand verbringt;
- eines Fischers;
- einer Frau eines Matrosen, die auf ihren Mann wartet;
- eines Meereskundlers;
- einer Jüdin (z. B. Mirjam) auf der Flucht vor den ägyptischen Soldaten (Ex 13,17–14,31);
- eines ägyptischen Soldaten, der die fliehende Gruppe des Mose verfolgt (Ex 13,17–14,31);
- des Jona, der ins Meer geworfen oder vom Wal ausgespien wird (Jon 1,15/2,11).

M 3

Schriftworte – Schlüsselworte

Die Tiefen des Meeres tobten.
Die Wolken gossen ihr Wasser aus,
das Gewölk ließ die Stimme dröhnen,
auch deine Pfeile flogen dahin.
Dröhnend rollte dein Donner,
Blitze erhellten den Erdkreis,
die Erde bebte und wankte.
Durch das Meer ging dein Weg,
dein Pfad durch gewaltige Wasser,
doch niemand sah deine Spuren.
Du führtest dein Volk wie eine Herde
durch die Hand von Mose und Aaron.
Psalm 77,17b–21

Das Volk dürstete dort nach Wasser und murrte gegen Mose. Sie sagten: Warum hast du uns überhaupt aus Ägypten hierher geführt? Um uns, unsere Söhne und unser Vieh verdursten zu lassen? Mose schrie zum Herrn: Was soll ich mit diesem Volk anfangen? Es fehlt nur wenig, und sie steinigen mich. Der Herr antwortete Mose: Geh am Volk vorbei, und nimm einige von den Ältesten Israels mit; nimm auch den Stab in die Hand, mit dem du auf den Nil geschlagen hast, und geh! Dort drüben auf dem Felsen am Horeb werde ich vor dir stehen. Dann schlag an den Felsen! Es wird Wasser herauskommen, und das Volk kann trinken. Das tat Mose vor den Augen der Ältesten Israels.
Exodus 17,3–6

Mose stellte das Becken zwischen das Offenbarungszelt und den Altar und goß Wasser zum Waschen hinein. Darin wuschen Mose, Aaron und seine Söhne ihre Hände und Füße. Wenn sie in das Offenbarungszelt eintraten oder sich dem Altar näherten, wuschen sie sich, wie es der Herr dem Mose befohlen hatte.
Exodus 40,30–32

Wer von diesem Wasser trinkt, wird wieder Durst bekommen; wer aber von dem Wasser trinkt, das ich ihm geben werde, wird niemals mehr Durst haben; vielmehr wird das Wasser, das ich ihm gebe, in ihm zur sprudelnden Quelle werden, deren Wasser ewiges Leben schenkt.
Johannes 4,13–14

Heißt das nun, daß wir an der Sünde festhalten sollen, damit die Gnade mächtiger werde? Keineswegs! Wie können wir, die wir für die Sünde tot sind, noch in ihr leben! Wißt ihr denn nicht, daß wir alle, die wir auf Christus Jesus getauft wurden, auf seinen Tod getauft worden sind? Wir wurden mit ihm begraben durch die Taufe auf den Tod; und wie Christus durch die Herrlichkeit seines Vaters von den Toten auferweckt wurde, so sollen auch wir als neue Menschen leben. Wenn wir nämlich ihm gleich geworden sind in seinem Tod, dann werden wir mit ihm auch in seiner Auferstehung vereinigt sein. Wir wissen doch: Unser alter Mensch wurde mitgekreuzigt, damit der von der Sünde beherrschte Leib vernichtet werde und wir nicht Sklaven der Sünde bleiben.
Römerbrief 6,1–6

Wenn also jemand in Christus ist, dann ist er eine neue Schöpfung: Das Alte ist vergangen, Neues ist geworden.
2. Korintherbrief 5,17

Ihr seid alle durch den Glauben Söhne Gottes in Christus Jesus. Denn ihr alle, die ihr auf Christus getauft seid, habt Christus (als Gewand) angelegt. Es gibt nicht mehr Juden und Griechen, nicht Sklaven und Freie, nicht Mann und Frau; denn ihr alle seid »einer« in Christus Jesus.
Galaterbrief 3,26–28

Denn auch wir waren früher unverständig und ungehorsam; wir gingen in die Irre, waren Sklaven aller möglichen Begierden und Leidenschaften, lebten in Bosheit und Neid, waren verhaßt und haßten einander. Als aber die Güte und Menschenliebe Gottes, unseres Retters, erschien, hat er uns gerettet – nicht weil wir Werke vollbracht hätten, die uns gerecht machen können, sondern aufgrund seines Erbarmens – durch das Bad der Wiedergeburt und der Erneuerung im Heiligen Geist. Ihn hat er in reichem Maß über uns ausgegossen durch Jesus Christus, unseren Retter, damit wir durch seine Gnade gerecht gemacht werden und das ewige Leben erben, das wir erhoffen.
Titusbrief 3,3–7

Der Mensch lebt vom Wasser

M 4

Das Wasser lehrt uns, wie wir leben sollen

Einen Weisen im alten China fragten einmal seine Schüler: »Du stehst nun schon so lange vor diesem Fluß und schaust ins Wasser. Was siehst du denn da?« Der Weise gab keine Antwort. Er wandte den Blick nicht ab von dem unablässig strömenden Wasser. Endlich sprach er: »Das Wasser lehrt uns, wie wir leben sollen. Wohin es fließt, bringt es Leben und teilt sich aus an alle, die seiner bedürfen. Es ist gütig und freigiebig. Die Unebenheiten des Geländes versteht es auszugleichen. Es ist gerecht. Ohne zu zögern in seinem Lauf, stürzt es sich über Steilwände in die Tiefe. Es ist mutig. Seine Oberfläche ist glatt und ebenmäßig, aber es kann verborgene Tiefen bilden. Es ist weise. Felsen, die ihm im Lauf entgegenstehen, umfließt es. Es ist verträglich. Aber seine sanfte Kraft ist Tag und Nacht am Werk, das Hindernis zu beseitigen. Es ist ausdauernd. Wie viele Windungen es auch auf sich nehmen muß, niemals verliert es die Richtung zu seinem ewigen Ziel, dem Meer, aus dem Auge. Es ist zielbewußt. Und sooft es auch verunreingt wird, bemüht es sich doch unablässig, wieder rein zu werden. Es hat die Kraft, sich immer wieder zu erneuern. Das alles«, sagte der Weise, »ist es, warum ich auf das Wasser schaue. Es lehrt mich das richtige Leben.«

Nach einer Erzählung aus China

M 5

Übers Wasser nachdenken ...

Wasser kommt an vielen Stellen unserer Wirklichkeit vor, es kann sehr viel, es bewirkt Erstaunliches, ja oft Lebensnotwendiges. Vervollständige in diesem Sinne die Tabelle:

Wasser kommt vor als:	Wasser kann, bewirkt:
Regen Wolke ...	tröpfeln niederprasseln ...

M 6

Wasser: Zahlen, Fakten, Statistiken

- Zwei Drittel der Erdoberfläche sind mit Wassser bedeckt: davon entfallen 94 Prozent auf die Ozeane, vier Prozent auf Grundwasser, 1,7 Prozent auf polare Eismassen und der Rest auf Flüsse, Seen und Wasser in der Atmosphäre.
- Nur ein geringer Teil des Süßwasservorkommens ist für den Menschen zugänglich.
- Seit 1950 hat sich der Wasserverbrauch weltweit mehr als verdreifacht, der Pro-Kopf-Verbrauch fast verdoppelt, von Süßwasser weltweit verzehnfacht.
- 40 Prozent aller Menschen leben in Flußtälern, die sie mit Bürgern anderer Staaten teilen müssen.
- Wasserrechte werden als politischer Zündstoff immer brisanter: zum Beispiel zwischen Äthiopien und Ägypten, Israel und seinen Nachbarn, Pakistan und Indien, der Türkei und ihren Nachbarstaaten.
- 40 Großstaudämme repräsentieren weltweit die »Macht über Wasser«: mittels hydraulischer Schieber kann bestimmt werden, wieviel Wasser in die Nachbarländer fließt.
- 26 Länder der Erde mit 232 Millionen Einwohnern haben nur unzureichende Wasserversorgung.
- Zu den wasserärmsten Regionen der Welt zählen Süd- und Ostafrika, der Nahe Osten und weite Teile Asiens sowie zunehmend der Südwesten der Vereinigten Staaten.
- »Wasserarm« ist nach Angaben des Worldwatch-Instituts ein Staat, in dem weniger als 2,74 Liter Wasser pro Person und Tag zur Verfügung stehen.
- Rund eine Milliarde Menschen – ein knappes Fünftel der Weltbevölkerung – ist noch immer ohne Zugang zu sauberem Trinkwasser.
- Zwei Drittel aller Haushalte der Welt müssen sich Wasser »im Freien« besorgen.
- 2,2 Milliarden Menschen sind weltweit ohne Abwasserentsorgung.
- Vier Fünftel aller Krankheiten in den sogenannten Entwicklungsländern gehen auf verunreinigtes Wasser zurück. Zu den »Wasser-Krankheiten« zählen: Durchfall, Cholera, Typhus, Malaria, Bilharziose, Wurmbefall oder Augenkrankheiten.
- Jährlich könnten zwei Millionen Kinder gerettet werden, wenn allen Menschen sauberes Trinkwasser zur Verfügung stünde.
- Zum Überleben braucht der Mensch mindestens 20 Liter Wasser pro Tag. Ein europäischer Haushalt verbraucht durchschnittlich 150 Liter Wasser täglich, davon nur drei Liter für Essen und Trinken, den Rest für Haushalt, Garten und Auto, Geschirr, Wäsche und Körperhygiene.
- Zum Vergleich: Ein indischer Haushalt verbraucht im Durchschnitt 25 Liter pro Tag.
- Arme Familien in einigen Großstädten Afrikas, Asiens und Lateinamerikas müssen bis zu 20 Prozent ihres Einkommens für den Kauf von Wasser aufbringen.
- Mit 15 000 Kubikmetern Wasser kann man:
  - einen Hektar Reisfeld bewässern,
  - 100 Nomaden und 450 Stück Vieh drei Jahre versorgen,
  - oder 100 ländliche Familien für 4 Jahre,
  - oder 100 Gäste in einem Luxushotel für 55 Tage.
- Der größte Wasserverbraucher (und -verschwender) ist die Landwirtschaft: Sie verschlingt knapp zwei Drittel aller Wasserreserven. Durch ineffiziente Bewässerung gehen weltweit rund 60 Prozent des Wassers verloren.
- Zwischen 30 und 40 Prozent der weltweit produzieren Nahrungsmittel sind von künstlicher Bewässerung abhängig.
- Der Anteil der industriellen Wassernutzung wird nach FAO-Schätzungen bis zum Jahr 2000 auf 25 Prozent steigen. In diesem Zeitraum werden die Haushalte etwa neun Prozent des verfügbaren Wassers verbrauchen.
- Die zunehmende Verschmutzung des Oberflächen- und Grundwassers verschärft die Wasserkrise.

Wasser in anderen Lebens- und Kulturkreisen

M 7

Hallo, mein Name ist ________________!
Ich lebe in Mitteleuropa; die Stadt, in der ich wohne, heißt ________________.
Wenn ich das Wort »Wasser« höre, fällt mir Folgendes dazu ein:

In unserer Religion hat Wasser, soweit ich weiß, folgende Bedeutung:

M 8

Auf den folgenden Seiten stellen sich drei Kinder verschiedener Weltteile und Kulturkreise vor und erläutern die Bedeutung des Wasser für sie. Trage mit einem Pfeil die drei Lebens- und Erfahrungsräume der Kinder in die Weltkarte ein und fasse mit einem Satz jeweils die Bedeutung des Wasser zusammen. Versuche noch für andere Lebensräume von Kindern die Bedeutung des Wassers in einem kleinen Text zusammenzufassen, z. B. für ein Eskimo-Kind, ein Kind aus dem Regenwald Südamerikas oder ein afrikanisches Kind.

M 9

Hallo, mein Name ist Izzet!
Ich lebe in einem Land im Nahen Osten: in Jordanien. Der Name unseres Landes stammt von einem Fluss, der in unserem Land liegt: dem Jordan. Daran könnt ihr sehen, wie wichtig für uns Wasser ist. Im Koran – die meisten unseres Landes sind Moslems – heißt es von Gott:

وَمِنْ آيَاتِهِ يُرِيكُمُ الْبَرْقَ خَوْفًا وَطَمَعًا وَيُنَزِّلُ مِنَ
السَّمَاءِ مَاءً فَيُحْيِي بِهِ الْأَرْضَ بَعْدَ مَوْتِهَا

Und zu Seinen Zeichen gehört es, daß Er den Blitz in Furcht und Hoffen zeigt und daß Er Wasser vom Himmel herabsendet und so die Erde belebt, nachdem sie tot war (Sure 30,24).

Bei uns regnet es neun Monate im Jahr nicht. Und so schrieb ein islamischer Dichter über eine Regenwolke:

Die Wolke

Sie kam gezogen, wie ein Rabe schwebend,
Mit schwarzem Haupt, und schwer die Flügel
hebend;
Dann ihre Güsse – tosend, laut erbebend,
Dem durstverbrannten Staube Heilung gebend,
Mit langem Regen totes Land belebend!

Ibn Al-Mu'tazz

So wichtig ist für uns Regen. In der Türkei und in Persien ist das Wort für »Regen« (»rahmat«) gleichbedeutend mit dem Wort für »Gnade«. Vor allen wichtigen Handlungen in unserem Leben waschen wir uns, etwa vor dem Lesen aus dem Koran, vor dem Betreten der Moschee, ja selbst die Toten werden gewaschen, ehe sie begraben werden. Denn Wasser bedeutet Leben, Reinigung vom Schlechten und Neubeginn des Guten. Beim Waschen sind bestimmte Gebete vorgeschrieben, z. B. beim Waschen der Füße wird darum gebetet, dass die Füße immer auf dem rechten Pfad wandeln mögen. Und im Koran wird das Paradies stets mit einer schattigen Wasserstelle verglichen.

M 10

Hallo, mein Name ist Sanjay!
Ich lebe in Indien, unsere Religion ist der Hinduismus – die älteste der großen Weltreligionen. In unseren Schöpfungsgeschichten heißt es, dass alles Leben aus dem Wasser kommt: Aus einem Ur-Meer stieg ein riesiges Gebirge – der Himalaya – hervor, aus ihm ragt der Weltenberg Kailas heraus, um den herum die großen Flüsse in alle Himmelsrichtungen entspringen, die wie Adern das Lebensblut verteilen und so das Leben bringen und erhalten. Die großen Flüsse sind für uns ein Urbild auch des menschlichen Lebenslaufs: Wie in der Jugend stürzt sich das Wasser zunächst wild die Berge hinunter, in der Ebene dann wird der Fluss gelassener und breiter, er vereinigt sich mit anderen Flüssen, um sich dann schließlich ins Meer zu verströmen. All dieses Wasser kehrt dann wieder mit den Wolken zum Ursprung zurück. Die frommen Hindus pilgern zu den heiligen Flüssen und wandern stromaufwärts nach Norden zu den Quellen, zu jenem Ursprung des Lebens – so kann der Mensch sich mit dem Göttlichen vereinen und auch seine Schuld in Reue und Demut abwaschen lassen. Sie beten dabei: »Ihr Wasser – führt all das fort, was Sündhaftes an mir ist, sei es, dass ich treulos war, dass ich geflucht oder gegen die Gesetze verstoßen habe.«

Ein Bad im heiligen Fluss Ganges

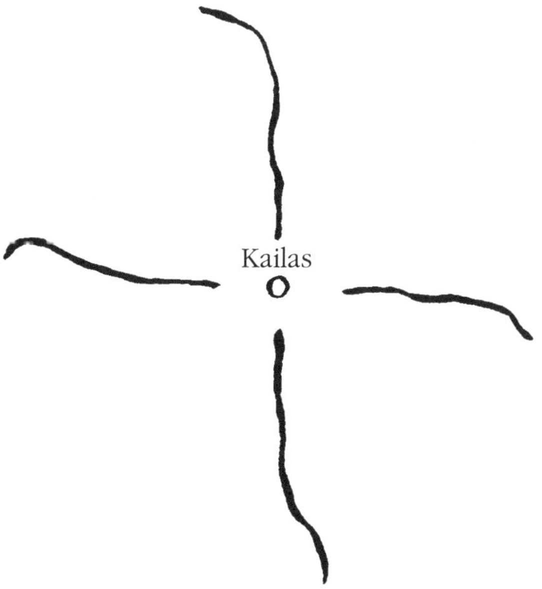

- Suche auf einer Indien-Karte (z. B. im Schulatlas) den »Weltenberg« Kailas im Gebet des tibetischen Transhimalaya.
- Trage in die nebenstehende Karte die Namen der vier großen asiatischen Flüsse ein, die um den Kailas herum entspringen.
- Woran erinnert dich das natürliche Landschaftsbild aus Berg und Flüssen?

M 11

Hallo, mein Name ist Harka!
Ich bin ein Indianer. Wir leben seit langer, langer Zeit auf dem Kontinent, den ihr Amerika nennt. Als Kolumbus vor etwa 500 Jahren an unserer Küste gelandet war, glaubte er in Indien zu sein – deshalb nannte er uns Ureinwohner Indianer. Im Gefolge von Kolumbus kamen dann immer mehr Weiße in unser Land und brachten unsägliches Unglück über uns. In unserer Religion fühlen wir uns besonders der »Mutter« Erde und der ganzen Natur eng verbunden, auch Wasser spielt darin eine wichtige Rolle. Lest dazu einen Teil einer Rede eines Indianerhäuptlings – sein Name soll »Seattle« gewesen sein –, die er vor über 100 Jahren im Nordwesten der USA an den Präsidenten der USA gerichtet haben soll:

Meine Worte sind wie die Sterne, sie gehen nicht unter. Jeder Teil dieser Erde ist meinem Volk heilig, jede glitzernde Tannennadel, jeder sandige Strand, jeder Nebel in den dunklen Wäldern, jede Lichtung, jedes summende Insekt ist heilig, in den Gedanken und Erfahrungen meines Volkes. Der Saft, der in den Bäumen steigt, trägt die Erinnerung des roten Mannes.

Wir sind ein Teil der Erde, und sie ist ein Teil von uns. Die duftenden Blumen sind unsere Schwestern, die Rehe, das Pferd, der große Adler – sind unsere Brüder. Die felsigen Höhen, die saftigen Wiesen, die Körperwärme des Ponys – und des Menschen – sie alle gehören zur gleichen Familie. Glänzendes Wasser, das sich in Bächen und Flüssen bewegt, ist nicht nur Wasser –, sondern das Blut unserer Vorfahren. Wenn wir Euch das Land verkaufen, müßt Ihr wissen, daß es heilig ist, und Eure Kinder lehren, daß es heilig ist und daß jede flüchtige Spiegelung im klaren Wasser der Seen von Ereignissen und Überlieferungen aus dem Leben meines Volkes erzählt. Das Murmeln des Wassers ist die Stimme meiner Vorväter. Die Flüsse sind unsere Brüder – sie stillen unseren Durst. Die Flüsse tragen unsere Kanus und nähren unsere Kinder.

Die Erde ist unser Mutter. Was die Erde befällt, befällt auch die Söhne der Erde. Wenn Menschen auf die Erde spucken, bespeien sie sich selbst. Denn das wissen wir: die Erde gehört nicht den Menschen, der Mensch gehört zur Erde – das wissen wir. Alles ist miteinander verbunden, wie das Blut, das eine Familie vereint. Alles ist verbunden. Unsere Toten leben fort in den süßen Flüssen der Erde, kehren wieder mit des Frühlings leisem Schritt, und es ist ihre Seele im Wind, der die Oberfläche der Teiche kräuselt.

Auch die Weißen werden vergehen, eher vielleicht als alle anderen Stämme. Fahret fort, Euer Bett zu verseuchen, und eines Nachts werdet ihr im eigenen Abfall ersticken.

- Welche Bedeutung hat für Häuptling Seattle das Wasser?
- Wie sieht er das Verhältnis zwischen den Geschöpfen?
- Was hältst du von der abschließenden Prognose Seattles?

Wasser des Todes – Wasser des Lebens: Wasser-Bilder zur Bibel

M 12

Noah und die Sintflut

Walter Habdank: Noach (1977)

- Lies den Bibeltext Gen 6–9.
- Welchen Eindruck machen auf dich Himmel, Wasser?
- Welche Bewegung ist typisch für Noah auf diesem Bild:
  - in seinem Blick?
  - in seiner Hand?
  - in seinem ganzen Körper?
- Oft wird folgende Parallele aufgestellt:
  Was Gott mit Noah geschehen ließ, wiederholte sich, ja wurde gesteigert in dem, was in und mit Jesus geschah. Wie soll man diese Parallelisierung verstehen?
- Dazu können auch folgende Fragen weiterhelfen:
  - Welche für das Christentum zentrale symbolische Form hat der Ölzweig?
  - Welche Form hat in der Holzmaserung der Astwirbel rechts oben?

M 13

Sieger Köder:
Die tanzende Mirjam
(Ausschnitt aus Misereor-Hungertuch 1996)

M 14

Auf, Mirjam, sing und tanze

2. Was Gott einst hat versprochen,
das hat er wahr gemacht.
Er führte in die Freiheit
sein Volk durch dunkle Nacht.
Es folgte voll Vertrauen
ihm mitten durch das Meer.
So ziehen wir, so ziehen wir
heut alle hinterher. *(2 x)*

3. Gott führte sie zum Ufer,
weil er die Wellen trennt'.
Es war der Weg der Hoffnung,
den Gott allein nur kennt.
So führte ihr Vertrauen
sie mitten durch das Meer.
So gehen wir, so gehen wir
ihm alle hinterher. *(2 x)*

4. Holt eure Instrumente
und dreht die Mikros auf.
So wie das Volk vor Jahren
vertraun auch wir darauf.
Für unseren Song der Hoffnung
gebt auch das Letzte her.
So tanzen wir, so tanzen wir
euch allen hinterher. *(2 x)*

T: Rolf Krenzer M: Reinhard Horn

M 15

Zwischen Sintflut und Regenbogen: Bilder von der Arche – zeitgenössisch

(a)

Adolf Born

(b)

(c)

- Lies die alttestamentliche Geschichte Gen 6–9 von der Sintflut, Noah und der Arche.
- Die zeitgenössischen Bilder von Noahs Arche »übersetzen« die alttestamentliche Geschichte in unsere heutige Zeit mit ihren aktuellen Problemen.
  Welches spezielle Problem unserer heutigen Zeit thematisiert der Zeichner, in welcher Situation befindet sich die jeweilige Noah-Figur?
  (a) ______________________
  (b) ______________________
  (c) ______________________
- Gib den Bildern jeweils einen eigenen Titel!
  (a) ______________________
  (b) ______________________
  (c) ______________________
- Am stärksten beeindruckt das Bild ___, weil ______________________.

M 16

Armenbibel, Tegernsee (um 1340)

M 17

Jona-Sarkophag (um 280–300 n. Chr.)

Auf vielen frühchristlichen Sarkophagen (Steinsärgen) des 3. Jahrhunderts finden sich Szenen aus der alttestamentlichen Jona-Geschichte.

- Lies die Geschichte in Jona 1–3.

- Welche Motive der Erzählung tauchen im Sarkophag-Schmuck auf? Warum gerade diese?
- Welche Rolle spielt das Wasser des Meeres, das dreitägige Verbleiben im Bauch des Fisches, das Wieder-ans-Licht-Kommen Jonas?
- Warum ließen Christen das Jona-Motiv gerade auf Sarkophagen anbringen?

Taufe – wiedergeboren zu ewigem Leben

M 18

Taufbecken, Pax-Christi-Kirche/Essen

Das Bild zeigt ein zeitgenössisches Taufbecken, dessen künstlerische Gestaltung sich auf die alttestamentliche Jona-Geschichte bezieht.

- Lies die Geschichte in Jona 1–3.
- Im Blick auf das Sakrament der Taufe: Welche symbolische Bedeutung könnten folgende Motive der Erzählung erfahren: das Wasser des Meeres, das dreitägige Verbleiben im Bauch des Fisches, das Wieder-ans-Licht-Kommen Jonas? Welches dieser Motive ist auf dem Taufbecken dargestellt?
- Fasse in eigenen Worten zusammen: Welchen Zusammenhang sieht die christliche Tradition zwischen der Jona-Erzählng und dem Sakrament der Taufe?

M 19

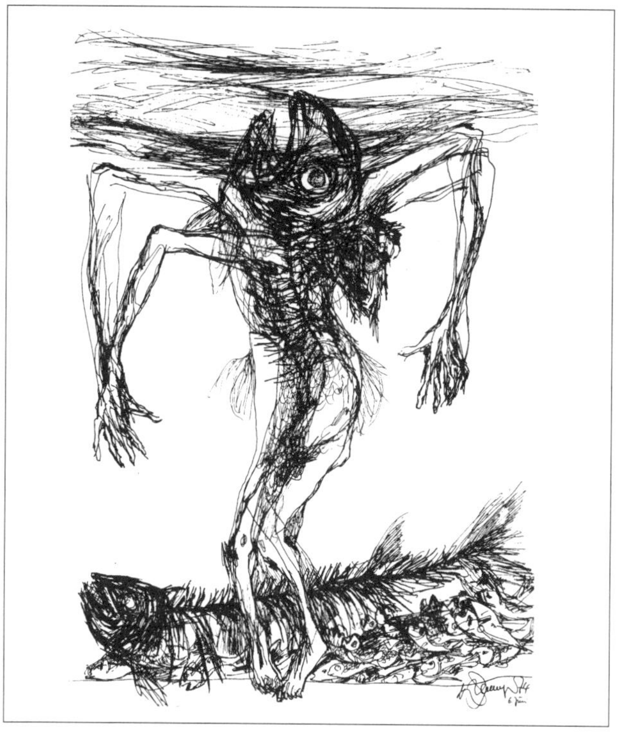

Roland Peter Litzenburger:
Mich dürstet nach reinem Wasser (1974)

M 20

Wie kann Wasser solch große Dinge tun?

Wasser tut's freilich nicht,
sondern das Wort Gottes,
so mit und bei dem Wasser ist, und der Glaube,
so solchem Worte Gottes im Wasser trauet.
Denn ohne Gottes Wort
ist das Wasser schlicht Wasser und keine Taufe;
aber mit dem Worte Gottes ist's eine Taufe,
das ist ein gnadenreich Wasser des Lebens
und ein Bad der neuen Geburt im Heiligen Geist;
wie Paulus sagt zu Titus im dritten Kapitel:
Gott macht uns selig
durch das Bad der Wiedergeburt und Erneuerung
des Heiligen Geistes,
welchen er ausgegossen hat über uns reichlich
durch Jesus Christus, unsern Heiland,
auf dass wir durch desselben Gnade gerecht und
Erben sein des ewigen Lebens nach der Hoffnung.
Das ist gewisslich wahr.

Martin Luther

M 21

Tauf-Puzzle

Zuerst werden die wichtigsten Symbol-Handlungen während und im Gefolge der Taufe genannt, im zweiten Teil des Puzzles findest du Erklärungen, Redewendungen u.a., die zu diesen Symbol-Handlungen passen. Kennzeichne die Puzzle-Elemente in Teil 2 mit den Nummern aus Teil 1 und erläutere, warum die entsprechenden Teile zusammengehören.

1 Untertauchen in bzw. Übergießen mit *Wasser*, ...
2 ... dabei spricht der Priester die Worte: »Ich taufe dich im Namen des *Vaters* und des *Sohnes* und des *Heiligen Geistes*« ...
3 Das Kind wird mit *Chrisam gesalbt*. ...
4 Überreichen/Anlegen eines *weißen Kleides*; ...
5 Der Vater oder der Pate entzündet die Taufkerze an der *Osterkerze* ...
6 Der Priester berührt die Ohren und den Mund des Kindes und ruft ihm zu: »*Effata*«, d. h. »Öffne dich«, ...
7 Bevorzugter Tauftermin ist die *Osternacht*, ...
8 Jährlich feiert das Kind den *Namenstag*; ...
9 Der Taufritus wird am *Grab* aufgegriffen, wenn zum letzten Mal Weihwasser auf den Sarg gesprengt wird mit den Worten: ...

○ denn Christ zu sein soll auch bedeuten: die Ohren für die Botschaft Gottes zu öffnen und den Mund zu öffnen, um den Glauben zu bekennen – auch im praktischen Handeln, etwa im Dienst am Nächsten.

○ der Namenspatron soll ihm Vorbild und Fürsprecher sein. An diesem Jahrestag wird in vielen Familien die Taufkerze wieder angezündet.

○ ... mit den Worten: »Empfange das Licht.« Die Getauften werden auch als »Kinder des Lichtes« bezeichnet, weil Christus »das Licht der Welt« (Joh 8,12) ist; es soll die Getauften ein Leben lang – auch in Stunden der Finsternis – nicht verlassen.

○ denn ganz besonders in dieser Nacht erinnert sich die Gemeinde an die Leben spendenden Rettungstaten Gottes, an den Exodus des Gottesvolkes durch das todbringende Meer und vor allem an Jesus Christus, der »das Meer des Leidens« durchschritt ins Reich des ewigen Lebens. Weiterhin ist der Sonntag ein traditioneller Tauftermin, denn jeder Sonntag ist eine Erinnerung an Ostern.

○ »Der Herr mögen an dir vollenden, was er in der Taufe mit dir begonnen hat.« Insofern ist die Taufe am Beginn des Lebens Eingangstor zum Christsein und am Ende des Lebens Eingangstor zum ewigen Leben.

○ dadurch soll anschaulich werden, dass der Täufling mit Jesus begraben wird, aber gleich dem auferstandenen Christus mit neuem Leben beschenkt werden wird.

○ es zeigt die durch die Taufe bewirkte Reinheit an – der Mensch steht grundsätzlich nicht mehr unter der Macht der Sünde und des Todes. Zudem soll dadurch deutlich werden, dass der Täufling Christus »angezogen« hat, d. h. er lebt jetzt nicht mehr unter dem Diktat gesellschaftlicher Zwänge, sondern im Geist der Gottes- und Nächstenliebe.

○ Mit dieser Salbe wurden in alttestamentlichen Zeiten die Könige gesalbt, heute erhalten sie alle Getauften als Zeichen ihrer königlichen Freiheit und Würde. Zudem zeigt die Salbung die Verbindung zu Jesus an – dem Messias, d. h. dem Gesalbten Gottes.

○ Der Name des Vaters ist »Jahwe«, d. h. der, der immer bei uns sein wird; der Name des Sohnes ist »Jesus«, d. h. »Gott rettet«, indem der Sohn uns den Weg zum Heil vorlebt; der Name des Geistes ist »Tröster/Mutmacher«, er erinnert uns daran, unser Leben lang die Welt aus der Perspektive Jesu zu sehen.

M 22 Segne dieses Kind

Segne dieses Kind und hilf uns ihm zu helfen,
dass es sehen lernt mit seinen eigenen Augen
das Gesicht seiner Mutter
und die Farben der Blumen
und den Schnee auf den Bergen
und das Land der Verheißung.

Segne dieses Kind und hilf uns ihm zu helfen,
dass es hören lernt mit seinen eigenen Ohren
auf den Klang seines Namens,
auf die Wahrheit der Weisen,
auf die Sprache der Liebe
und das Wort der Verheißung.

Segne dieses Kind und hilf uns ihm zu helfen,
dass es greifen lernt mit seinen eigenen Händen
nach der Hand seiner Freunde,
nach Maschinen und Plänen,
nach dem Brot und den Trauben
und dem Land der Verheißung.

Segne dieses Kind und hilf uns ihm zu helfen,
dass es reden lernt mit seinen eigenen Lippen
von den Freuden und Sorgen
von den Fragen der Menschen,
von den Wundern des Lebens
und dem Wort der Verheißung.

Segne dieses Kind und hilf uns ihm zu helfen,
dass es gehen lernt mit seinen eigenen Füßen
auf den Straßen des Lebens,
auf den mühsamen Treppen,
auf den Wegen des Friedens
in das Land der Verheißung.

Segne dieses Kind und hilf uns ihm zu helfen,
dass es lieben lernt mit seinem ganzen Herzen.

Lothar Zenetti

Der Text wird oft als Lied anlässlich eines Tauf-Gottesdienstes gesungen.

- Wie wird jeweils in der ersten Zeile das Verhältnis zwischen Gott – Kind – Gemeinde gesehen?
- Mache dir den Aufbau des Textes durch folgende Übersicht deutlich:

Strophe	Fähigkeit, die das Kind erlernen soll	Entsprechendes Organ
1		
2		
3		
4		
5		
6		

- Mit welchem »Organ« kann man »das Land der Verheißung« und »das Wort der Verheißung« wahrnehmen?

M 23

Spiralrätsel

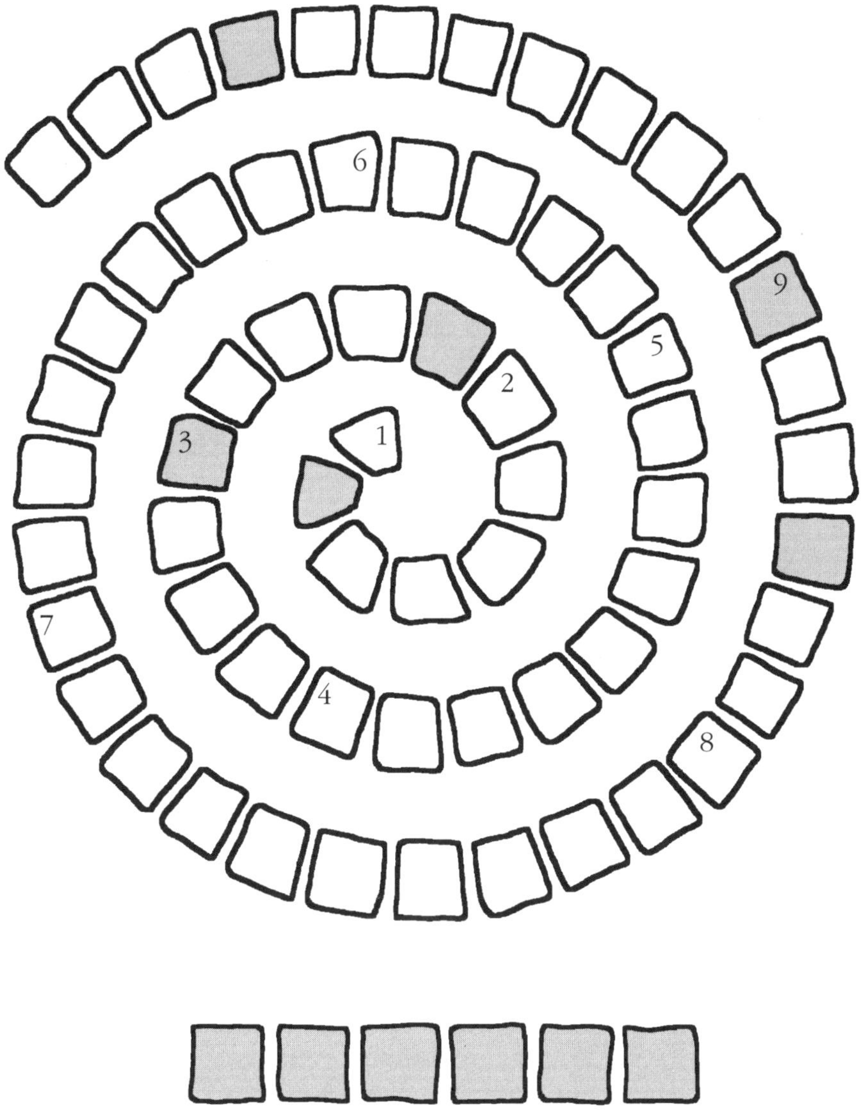

Trage in die Rätsel-Spirale die gesuchten Wörter entgegen dem Uhrzeigersinn ein. Die unterlegten Buchstaben ergeben – wenn du sie in der Reihenfolge etwas umstellst – das Lösungswort. Es geht dabei um eine bekannte Wassergeschichte aus dem Alten Testament.

1 Heiliger Fluss Indiens.
2 Mit ihr hielt sich Noah über Wasser.
3 Er befand sich drei Tage im Dunklen, unter Wasser.
4 Bei welchem Evangelisten heißt es: »Wer aber von dem Wasser trinkt, das ich ihm geben werde, wird niemals mehr Durst haben«?
5 Bei welchem Sakrament ist Wasser von besonderer Bedeutung?
6 Antiker, kühner Seefahrer.
7 97,5 % des auf der Erde vorhandenes Wassers ist ...
8 Kontinent, auf dem besonders große Wasserknappheit herrscht.
9 In der Antike wurde es als »Zweistromland« bezeichnet.

Schiff des Lebens – Schiff der Kirche

M 24

Odysseus am Mastbaum (Piktogramm)

M 25

Das Schiff der Kirche (lombardische Miniatur, um 1480)

M 26

Ein Schiff, das sich Gemeinde nennt

1. Ein Schiff, das sich Gemeinde nennt, fährt durch das Meer der Zeit.
   Das Ziel, das ihm die Richtung weist, heißt Gottes Ewigkeit.
   Das Schiff, es fährt vom Sturm bedroht durch Angst, Not und Gefahr,
   Verzweiflung, Hoffnung, Kampf und Sieg, so fährt es Jahr um Jahr.
   Und immer wieder fragt man sich: Wird denn das Schiff bestehn?
   Erreicht es wohl das große Ziel? Wird es nicht untergehn?
   Bleibe bei uns, Herr! Bleib bei uns, Herr, denn sonst sind wir allein
   auf der Fahrt durch das Meer. O bleibe bei uns Herr!

2. Das Schiff, das sich Gemeinde nennt, liegt oft im Hafen fest,
   weil sich's in Sicherheit und Ruh' bequemer leben läßt.
   Man sonnt sich gern im alten Glanz vergangner Herrlichkeit
   und ist doch heute für den Ruf zur Ausfahrt nicht bereit.
   Doch wer Gefahr und Leiden scheut, erlebt von Gott nicht viel.
   Nur wer das Wagnis auf sich nimmt, erreicht das große Ziel!
   Bleibe bei uns, Herr! Bleibe bei uns, Herr, ...

3. Im Schiff, das sich Gemeinde nennt, muß eine Mannschaft sein,
   sonst ist man auf der weiten Fahrt verloren und allein.
   Ein jeder stehe, wo er steht, und tue seine Pflicht,

wenn er sein Teil nicht treu erfüllt, gelingt das Ganze nicht.
Und was die Mannschaft auf dem Schiff ganz fest zusammenschweißt
in Glaube, Hoffnung, Zuversicht, ist Gottes guter Geist.
Bleibe bei uns, Herr! Bleibe bei uns, Herr, ...

4. Im Schiff, das sich Gemeinde nennt, fragt man sich hin und her:
Wie finden wir den rechten Kurs zur Fahrt im weiten Meer?
Der rät wohl dies, der andre das, man redet lang und viel
und kommt – kurzsichtig, wie man ist – nur weiter weg vom Ziel.
Doch da, wo man das Laute flieht und lieber horcht und schweigt,
bekommt von Gott man ganz gewiß den rechten Weg gezeigt!
Bleibe bei uns, Herr! Bleibe bei uns, Herr, ...

5. Ein Schiff, das sich Gemeinde nennt, fährt durch das Meer der Zeit.
Das Ziel, das ihm die Richtung weist, heißt Gottes Ewigkeit.
Und wenn uns Einsamkeit bedroht, wenn Angst uns überfällt:
Viel Freunde sind mit unterwegs auf gleichen Kurs gestellt.
Das gibt uns wieder neuen Mut, wir sind nicht mehr allein.
So läuft das Schiff nach langer Fahrt in Gottes Hafen ein.
Bleibe bei uns, Herr! Bleibe bei uns, Herr, ...

Martin Gotthard Schneider

Der Text des bekannten Kirchenliedes hat die Gemeinde zum Thema und vergleicht sie mit einem Schiff. Verschaffe dir Klarheit über seine Aussagen:

- Was wird jeweils im ersten Teil jeder Strophe zur oft schwierigen Situation der Kirche gesagt?
- Was wird im zweiten Teil der Gemeinde angeraten?
- Hast du in deiner Gemeinde ähnliche Situationen und Probleme erlebt? Was meinst du dazu?

Strophe	Schwierige Situation	Ratschlag	Deine Gemeinde	Deine Meinung
1				
2				
3				
4				
5				

M 27

Auch unsere Gemeinde – »ein Schiff, das sich Gemeinde nennt«

M 28

Alle Christen in einem Boot

- Informiere dich, welche wichtigen Personen und Gruppen, Institutionen und Aktivitäten u. a. es in deiner Gemeinde gibt. Trage diese in das »Schiff, das sich Gemeinde nennt« ein. Überlege, an welche Stelle des Schiffes du welche Person(en) setzt.
- Schreibe mit einer anderen Farbe hinzu: Was würdest du dir noch/anderes wünschen?

Zugänge

M 1 »Den Leuten aufs Maul geschaut«: Redensarten – Sprichwörter – Lebensweisheiten

a) Einen Stein ins Rollen bringen.
b) Jemand hat ein versteinertes Gesicht.
c) Der Stein des Anstoßes
d) Jemandem fällt ein Stein vom Herzen.
e) Wer im Glashaus sitzt, soll nicht mit Steinen werfen.
f) Jemand ist steinalt.
g) Stein und Bein schwören.
h) Steinreich sein.
i) Jemandem Steine statt Brot geben.
j) Steter Tropfen höhlt den Stein.
k) Ein Herz aus Stein haben.
l) Es wird kein Stein auf dem anderen bleiben.
m) Auf diese Steine können Sie bauen!

a) ______________________
b) ______________________
c) ______________________
d) ______________________
e) ______________________
f) ______________________
g) ______________________
h) ______________________
i) ______________________
j) ______________________
k) ______________________
l) ______________________
m) ______________________

Denke über Bedeutung und Sinn dieser Redensarten, Sprichwörter und Lebensweisheiten nach. Formuliere dies jeweils rechts in deinen eigenen Worten. (Willst du einmal versuchen, das eine oder andere zeichnerisch oder pantomimisch darzustellen?)

M 2

Ein Stein in meiner Hand ...

Nimm einen Stein aufmerksam in deine Hand und stelle dir dabei die folgenden Fragen:

Fragen:	Was mir dazu einfällt:
Was fühlst du in deinem Inneren, wenn du den Stein in der Hand hältst?	
Versuche zu beschreiben: Wie ist seine Beschaffenheit?	
Versuche dir vorzustellen: Was kann man mit solch einem Stein und mit anderen machen?	

M 3

Wenn Steine erzählen könnten ...

Fragen eines lesenden Arbeiters

Wer baute das siebentorige Theben?
In den Büchern stehen die Namen von Königen.
Haben die Könige die Felsbrocken herbeigeschleppt?
Und das mehrmals zerstörte Babylon –
Wer baute es so viele Male auf? In welchen Häusern
Des goldstrahlenden Lima wohnten die Bauleute?
Wohin gingen an dem Abend, wo die Chinesische Mauer fertig war
Die Maurer? Das große Rom
Ist voll von Triumphbögen. Wer errichtete sie? Über wen
Triumphierten die Cäsaren? Hatte das vielbesungende Byzanz
Nur Paläste für seine Bewohner? Selbst in dem sagenhaften Atlantis
Brüllten in der Nacht, wo das Meer es verschlang
Die Ersaufenden nach ihren Sklaven.

Der junge Alexander eroberte Indien.
Er allein?
Cäsar schlug die Gallier.
Hatte er nicht wenigstens einen Koch bei sich?
Philipp von Spanien weinte, als seine Flotte
Untergegangen war. Weinte sonst niemand?
Friedrich der Zweite siegte im Siebenjährigen Krieg. Wer
Siegte außer ihm?

Jede Seite ein Sieg.
Wer kochte den Siegesschmaus.

Alle zehn Jahre ein großer Mann.
Wer bezahlte die Spesen?

So viele Berichte.
So viele Fragen.

Bertolt Brecht

Das Gedicht endet mit den Sätzen »So viele Berichte. So viele Fragen.«

- Wonach fragt der »lesende Arbeiter«?
- Warum sind dies gerade Fragen eines »lesenden Arbeiters«?
- Versuche einige Fragen des lesenden Arbeiters zu beantworten!
- Versuche einen der »Berichte« phantasievoll zu verfassen: Wie könnte ein Bauvorgang damals ausgesehen haben? Wähle eines der genannten Beispiele (Theben, Babylon ...) aus, informiere dich über die entsprechenden Orte und Zeitumstände und füge diese gewonnenen Informationen in deinen »Bericht« mit ein.
- Auch in deiner Umgebung gibt es steinerne Zeugen der Geschichte (Kirchen, Denkmale, [ehemalige] Synagogen, Burgen, Schlösser u. a.). Versuche herauszufinden, welche Geschichten sich um diese steineren Zeugen ranken, und bringe dadurch die Steine zum Sprechen. Trage deine Entdeckungen in der Klasse vor.

M 4

Schriftworte – Schlüsselworte

Alles hat seine Stunde. Für jedes Geschehen unter dem Himmel gibt es eine bestimmte Zeit:
eine Zeit zum Steinewerfen und eine Zeit zum Steinesammeln, ...
Kohelet 3,1.5

Ich will dich rühmen, Herr, meine Stärke,
Herr, du mein Fels, meine Burg, mein Retter,
mein Gott, meine Feste, in der ich mich berge,
mein Schild und sicheres Heil, meine Zuflucht.
Mit dir erstürme ich Wälle,
mit einem Gott überspringe ich Mauern.
Vollkommen ist Gottes Weg,
das Wort des Herr ist im Feuer geläutert.
Ein Schild ist er für alle, die sich bei ihm bergen.
Denn wer ist Gott als allein der Herr,
wer ist ein Fels, wenn nicht unser Gott?
Psalm 18,2b–3.30–32

Alle Menschen hatten die gleiche Sprache und gebrauchten die gleichen Worte. Als sie von Osten aufbrachen, fanden sie eine Ebene im Land Schinar und siedelten sich dort an. Sie sagten zueinander: Auf, formen wir Lehmziegel, und brennen wir sie zu Backsteinen. So dienten ihnen gebrannte Ziegel als Steine und Erdpech als Mörtel. Dann sagten sie: Auf, bauen wir uns eine Stadt und einen Turm mit einer Spitze bis zum Himmel, und machen wir uns damit einen Namen, dann werden wir uns nicht über die ganze Erde zerstreuen. Da stieg der Herr hinab, um sich Stadt und Turm anzusehen, die die Menschenkinder bauten. Er sprach: Seht nur, *ein* Volk sind sie, und *eine* Sprache haben sie alle. Und das ist erst der Anfang ihres Tuns. Jetzt wird ihnen nichts mehr unerreichbar sein, was sie sich auch vornehmen. Auf, steigen wir hinab, und verwirren wir dort ihre Sprache, so daß keiner mehr die Sprache des anderen versteht. Der Herr zerstreute sie von dort aus über die ganze Erde, und sie hörten auf, an der Stadt zu bauen. Darum nannte man die Stadt Babel (Wirrsal), denn dort hat der Herr die Sprache aller Welt verwirrt, und von dort aus hat er die Menschen über die ganze Erde zerstreut.
Genesis 11,1–9

Als Jesus den Tempel verließ, sagte einer von seinen Jüngern zu ihm: Meister, sieh, was für Steine und was für Bauten! Jesus sagte zu ihm: Siehst du diese großen Bauten? Kein Stein wird auf dem anderen bleiben, alles wird niedergerissen.
Markusevangelium 13,1–2

Denn ihr habt erfahren, wie gütig der Herr ist. Kommt zu ihm, dem lebendigen Stein, der von den Menschen verworfen, aber von Gott auserwählt und geehrt worden ist. Laßt euch als lebendige Steine zu einem geistigen Haus aufbauen, zu einer heiligen Priesterschaft, um durch Jesus Christus geistige Opfer darzubringen, die Gott gefallen. Denn es heißt in der Schrift:
Seht her, ich lege in Zion einen auserwählten Stein, einen Eckstein, den ich in Ehren halte; wer an ihn glaubt, der geht nicht zugrunde.
Euch die ihr glaubt, gilt diese Ehre. Für jene aber, die nicht glauben, ist dieser Stein, den die Bauleute verworfen haben, zum Eckstein geworen, zum Stein, an den man anstößt, und zum Felsen, an dem man zu Fall kommt. Sie stoßen sich an ihm, weil sie dem Wort nicht gehorchen; doch dazu sind sie bestimmt.
1. Petrusbrief 2,3–8

Niedergedrückt gehen – Aufrecht gehen

M 5

M 6 Die Legende von den Steinen

Kamen zwei Frauen zu einem Starez und baten um Belehrung. Die eine hielt sich für eine große Sünderin. Sie hatte in der Jugend ihren Mann betrogen und quälte sich unablässig. Die zweite dagegen, die ihr Lebtag nach dem Gesetz gelebt hatte, machte sich keiner besonderen Sünde wegen Vorwürfe und war mit sich zufrieden. Der Starez fragte die beiden Frauen über ihr Leben aus. Die eine bekannte ihm unter Tränen ihre große Sünde. Sie erachtete ihre Sünde für so groß, daß sie keinerlei Vergebung erwartete; die zweite sagte, daß sie keinerlei besondere Sünde begangen habe.

Der Starez sagte zu der ersten: »Geh, du Magd Gottes, hinter die Umfriedung und such dir einen so schweren Stein, daß du ihn gerade noch tragen kannst, und bring ihn mir ... Und du«, sagte er zu der zweiten, die sich keiner großen Stünde zeihen konnte, »bringe mir auch Steine, so viele du tragen kannst, aber lauter kleine.«

Die Frauen gingen und führten den Befehl des Starez aus. Die eine brachte einen großen Stein, die anderen einen ganzen Sack voll kleiner Steine. Der Starez betrachtete die Steine und sagte: »Jetzt macht folgendes: tragt die Steine zurück und legt jeden wieder an den Platz, wo ihr ihn aufgelesen habt; und wenn ihr sie richtig hingelegt habt, kommt zu mir.«

Die Frauen gingen, um den Befehl des Starez auszuführen. Die erste fand mit Leichtigkeit den Platz, wo sie den Stein weggenommen hatte, und legte ihn hin, wie er vordem gelegen hatte; aber die zweite konnte sich um keinen Preis erinnern, wo sie diesen oder jenen Stein weggenommen hatte, und kehrte deshalb, ohne den Befehl ausgeführt zu haben, zu dem Starez zurück.

»Siehst du«, sagte der Starez, »genauso ist es auch mit den Sünden. Du hast den großen und schweren Stein leicht an seinen früheren Ort zurückgelegt, weil du wußtest, wo du ihn weggenommen hast. Du aber konntest es nicht, weil du nicht mehr wußtest, wo du sie weggenommen hast. So ist es auch mit den Sünden. Du wußtest deine Sünde, trägst für sie die Vorwürfe der Menschen und deines Gewissens, wurdest demütig und hast dich so von den Folgen der Sünde frei gemacht.

Du dagegen«, wandte sich der Starez an die Frau, welche die kleinen Steine zurückgebracht hatte, »hast in kleinen Sünden gesündigt, wußtest sie nicht mehr, bereutest sie nicht, gewöhntest dich an ein Leben in Sünden, verurteiltest die Sünden anderer und verstricktest dich immer tiefer in die eigenen.

Wir sind alle Sünder, und wir werden alle zugrunde gehen, wenn wir sie nicht bereuen.«

Leo Tolstoi

M 7

Gedächtnis-Stein für Sinti und Roma

Steine können beschützen, sie können aber auch bedrückend sein. Wenn Unrecht geschieht, ist die Last zunächst erdrückend für die Opfer, dann aber auch für die Täter – die Schuld ist so einfach nicht aus der Welt zu schaffen. Die Verfolgung und der Völkermord an unschuldigen Menschen durch uns Deutsche in der Nazizeit ist ein herausragendes Beispiel dafür. Zum mahnenden Gedächtnis an jene schreckliche Zeit werden Denkmäler gesetzt, so etwa in Wiesbaden, wo man mit dem abgebildeten Steinmal des braunen Terrors gegen Sinti und Roma in dieser Stadt gedenkt. Es steht auf dem Weg, auf dem die unschuldigen Opfer von einer Sammelstelle zum Bahnhof in die Eisenbahnwaggons getrieben wurden, die sie dann ins Massenvernichtungslager Auschwitz transportierten.

- Blickt man von rechts nach links – wohin gehen die Menschen?
- Wie ist ihr Verhältnis zueinander dargestellt?
- Wie wirkt die Steinplatte über den Köpfen?
- Ob die beiden Fußgänger auf dem Gehweg nur achtlos vorübergehen – oder sprechen sie über das Steinmal? Was könnten sie dann miteinander reden?
- Man sagt: »Erinnerung kann die Gräber öffnen.« Lässt sich vielleicht auch dies in diesem Gedächtnisstein sehen?
- Schuld drückt »schwer wie ein Stein«. Steht die heutige Generation der jungen Deutschen noch in einem Schuldverhältnis zu den Opfern von damals (manche redeten von einer »Kollektivschuld«) – oder besteht vielleicht zumindest ein Verhältnis der besonderen Verantwortung? Diskutiert darüber.
- Sammele Material »vor Ort«: Was geschah in deiner Ortschaft in der Nazizeit mit Sinti und Roma, Juden und anderen unschuldig Verfolgten? Keine Schwellenangst vor den Stadtarchiven! Gibt es vielleicht auch in deiner Ortschaft ähnliche Gedenksteine? Wo müssten solche aufgestellt werden?

M 8

Eine Kirche – aus »lebendigen Steinen« (?)

Im 1. Petrusbrief wird den frühen Christengemeinden geraten, eine Kirche aus »lebendigen Steinen« (1 Petr 2,5) zu sein. Oft erscheint uns unsere Kirche jedoch als zu wenig lebendig, in einigen Bereichen eher unbeweglich, ja fast »versteinert«. Davon erzählt die folgende Karikatur:

- Was »bewegt« den Kletterer, welche Sorgen treiben ihn wohl um?

- In welchen Bereichen erfährst du Kirche als »versteinert«?

- Was ließe sich in diesen Problembereichen verbessern, wie könnten die »Steine lebendig« (vgl. 1 Petr 2,5) werden?

Babel: Ein Turm aus Stein – bis zum Himmel!

M 9

Das Ölgemälde aus dem 17. Jahrhundert stellt den »Stolz« dar. Viele miteinander verbundene Bildelemente sind auf dem Medaillon zu sehen. Beschreibe zunächst diese Einzelelemente genau, überlege dann, welche Bedeutung jeweils diese Bildelemente haben könnten, und versuche schließlich eine Gesamtaussage zur gesamten Bildkomposition.

Bildelement	Bedeutung
Dame im Kleid	
Pfauenfeder (als Kopfschmuck)	
Spiegel	
Affe	
Figur mit Schlangen, isst Herz	
Pferd	

Sieh dir besonders den Turm im Hintergrund an. Lies dazu Genesis 11,1–9.

- Warum passt der Turm, von dem erzählt wird, gerade in dieses Bildkonzept?
- Welche »Lehre« will der Maler uns damit geben?

M 10

Pierre Brauchli, Babylon heute

Auf dem Bild siehst du eine Fotocollage: oben einen Atommeiler, unten einen Bildausschnitt eines Gemäldes von Pieter Breughel mit dem Titel »Der Turmbau zu Babel« (1563).

- Beschreibe zunächst die untere Bildhälfte (Breughel) genau; achte besonders auf die (damals neuen) technischen Vorrichtungen, auf den Hafen und auf die Menschengruppe im linken Vordergrund.
- Warum versetzt Breughel den babylonischen Turm in das Flandern des 16. Jahrhunderts?
- Sieh dir dann die obere Bildhälfte genauer an: Der ehemals unvollendete Turm geht über in einen Atommeiler – was will der Collagen-Künstler damit sagen? Kennst du historische Beispiele für die dargestellte Problematik, etwa in unserem Jahrhundert?
- Lies Genesis 11,1–9 und bringe diese Erzählung mit der Turmcollage aus unseren Tagen zusammen.
- Gib – zusammenfassend – der Fotocollage einen neuen Titel in deinen eigenen Worten!

M 11

Lied der Turmbauer zu Babel

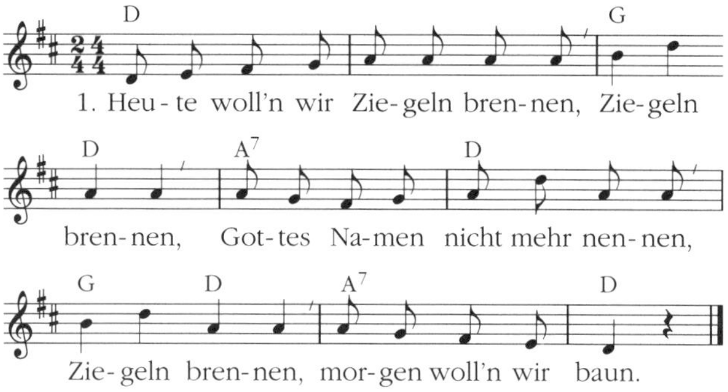

2. Heute woll'n wir Steine tragen, Steine tragen,
Gottes Worte nicht mehr sagen.
Steine tragen – morgen woll'n wir baun.

3. Heute woll'n wir Werkzeug wetzen, Werkzeug wetzen,
Gott absetzen, Gott absetzen.
Werkzeug wetzen – morgen woll'n wir baun.

4. Heute woll'n wir Herren heißen, Herren heißen,
Gott aus unsern Herzen reißen,
Herren heißen – morgen woll'n wir baun.

T: Rudolf Otto Wiemer M: Heinrich Kraft

Spielanleitung zum Lied

Von den Schülern werden pantomimisch die Tätigkeiten im Lied nachgeahmt:

1. Strophe: Mit den Händen Bewegungen ausführen, wie wenn man Ton formt.

2. Strophe: »Schwere Last« auf den Schultern oder vor dem Bauch tragen.

3. Strophe: Mit den Fingern das Wetzen der Werkzeuge nachahmen.

4. Strophe: Mit den Fäusten herrisch auf die Brust klopfen, mit einem Fuß zornig auftreten ...

Wer wälzt den Stein?

M 12

Sisyphos – Den Stein auf ewig wälzen

Die alten Griechen erzählten ihre Mythen teils zur Unterhaltung, teils um sich darüber zu verständigen, wie man die Götter und die Welt zu verstehen habe; meistens taten sie beides. Eine der interessantesten Erzählungen aus dem griechischen Sagenschatz ist der Mythos von Sisyphos. Er ist in verschiedenen Varianten überliefert; nimmt man die Erzähltraditionen zusammen, wird über Sisyphos etwa Folgendes erzählt:
Sisyphos galt zu seinen Lebzeiten als der gerissenste und verschlagenste Schurke; seinen Zeitgenossen waren seine Schläue und List schon sprichwörtlich. Seinen Unterhalt verdiente er hauptsächlich mit Betrügereien und Raub; er soll aber auch (dadurch?) den Handel zu Lande und zu Wasser gefördert haben. Eines Tages wurde er Augenzeuge, wie Zeus, der oberste der Götter, eine Nymphe ent- und verführte. Ihr Vater, der Flussgott Asopos, wollte seine Tochter rächen und bat Sisyphos um Auskunft über den Hergang der Tat. Sisyphos verlangte als Gegenleistung für seine Dienste eine ewig sprudelnde Quelle für Korinth, eine Stadt, die er früher gegründet hatte. Die beiden wurden handelseinig. Zeus jedoch schäumte vor Wut über den Verrat und schickte Thanatos, den Herren über das Totenreich, um Sisyphos dorthin bringen zu lassen. Aber für diesen Fall hatte Sisyphos schon eine List bereit: Thanatos solle doch einmal an sich selber zeigen, wie man die mitgebrachten Ketten verschlösse – Thanatos legte sich selbst die Fesseln an! Durch die Gefangenschaft des Totengottes musste/konnte keiner auf der Erde mehr sterben, selbst die Männer, die enthauptet und gevierteilt wurden. Dieser widernatürliche Zustand konnte so nicht fortdauern; die Götter ließen Thanatos wieder befreien. Als es mit Sisyphos eines Tages ans Sterben ging, hatte er auch dafür eine List vorbereitet: Er nahm seiner Frau das Versprechen ab, dass sie ihn nach seinem Tod nicht ordnungsgemäß begraben solle. Als er schließlich in die Unterwelt kam, wies er auf diesen Formfehler hin und erbat sich, für drei Tage wieder auf die Erde zurückkehren zu dürfen, um die Beerdigung traditionsgemäß zu veranlassen und die Schuldigen zu bestrafen. Doch oben angekommen, sah er wieder den blauen Himmel und die herrliche Sonne und er schmeckte den süßen Wein seiner Heimat. So blieb er einfach oben, freute sich seines Lebens und wurde alt. Als es wiederum ans Sterben ging, hielten die Götter für ihn die härteste aller Strafen bereit: Er musste bis in alle Ewigkeit einen Steinbrocken einen Berg hinaufrollen, dessen Gewicht dann aber so schwer wurde, dass der Stein kurz vor dem Gipfel stets wieder herunterrollte. Sisyphos muss immer wieder hinunter und den Steinbrocken hochschaffen und so fort.
Bis in unsere Tage wurde der Sisyphos-Mythos immer wieder neu – variierend – erzählt. So gibt der französische Dichterphilosoph *Albert Camus* (1913–1960) der Erzählung eine interessante Wendung. Camus beschreibt ausführlich, wie wir uns den steinwälzenden Sisyphos vorzustellen haben: mit schmerzverzerrtem Gesicht, das sich an den Stein schmiegt, die muskulösen, sehnigen Arme und Schultern, die sich um den Steinbrocken legen – Sisyphos wird in seiner Arbeit ganz eins mit dem Stein, der Erde und ihren Elementen. Man kann den Stein und den Menschen kaum mehr voneinander unterscheiden. Dann rollt der Felsbrocken kurz vor dem Gipfelziel wieder bergab, diesen Weg geht auch Sisyphos. Auf dem Rückweg hat er Zeit zu überlegen – er weiß nicht, wie lange die Qual dauern wird, vielleicht ewig, aber er ist sich bewusst: Dies ist *sein* Schicksal, nur für ihn bestimmt. Dies nimmt er – wenn auch mit Verachtung für die Götter – auf sich, es füllt ihn ganz aus. Nach Camus müssen wir uns Sisyphos als glücklichen Zeitgenossen vorstellen.

- Sieh dir zunächst die griechische Fassung der Sisyphos-Erzählung an: Welche Vorstellungen von den Göttern, den Menschen und ihrem Geschick stehen wohl hinter dem Mythos?
- Zur Fassung von Albert Camus: In welchen Elementen hat er die alte Erzählung variiert? Wie ändert sich damit die Gesamtaussage der Erzählung über das Schicksal des Menschen?
- Wie sind beide Vorstellungen aus der Sicht des Christentums zu beurteilen?
- Versuche den Mythos umzuerzählen – vielleicht mit kleinen Veränderungen im Erzählverlauf oder mit einem neuen Schluss.

M 13 Grabsteine – Hoffnungssteine

Schon seit Menschengedenken wird in vielen Religionen den Verstorbenen ein Gedenkstein auf die Grabstätte gestellt. Steine mit ihrer Eigenschaft des Festen, Überdauernden erinnern an die Ewigkeit und an den Glauben an die Unsterblichkeit. In unserem christlichen Kulturkreis werden die Grabsteine zumeist mit verschiedenen Symbolen versehen, die die Hoffnung auf ein Leben nach dem Tod noch weiter konkretisieren.

- Schreibe zu den aufgeführten Symbolen die entsprechende Bezugstelle in der Bibel heraus und fasse die Bedeutung des jeweiligen Symbols dann kurz in deinen eigenen Worten zusammen.

Symbol	Bibelstelle	Bedeutung
Kreuz 	2 Tim 2,11	
(betende) Hände 	Ps 11,6	
Ähre(n) 	Joh 12,24	
Lamm 	Offb 7,17	
Hirt 	Joh 10,14–15	
Sonne 	Hab 3,4	
Palmzweig(e) 	Offb 7,9–10	

1. Symbolkreis: Weg

Zur Orientierung

Viele Symbole sind solche der menschlichen und natürlichen Wirklichkeit zugleich. Beim Symbol des Weges handelt es sich jedoch um eines, das in ganz besonderer Weise die einzigartige »conditio humana« zum Ausdruck bringt: Während das Tier durch Instinktbindung und Erbkodierung seiner Gattung in eine spezifische Nische seiner Umwelt ein- und angepasst ist, ist es das Charakteristikum des Menschen auf dem Hintergrund von Freiheit und Entscheidung, seine Wege stets neu suchen zu müssen; diese Unvertretbarkeit macht gerade seine Individualität und seine Verantwortung vor Gott aus. In vormodernen europäischen und heutigen asiatischen Gesellschaften wird das Leben als Kreislauf aufgefasst – die westliche christliche (und nicht mehr christliche) Welt versteht das Leben im Gegensatz dazu als Weg: Der Weg von der Geburt bis zum Tod wird als unumkehrbarer, zielgerichteter Prozess gesehen, in dem sich eine geschichtlich einmalige und unwiederholbare Lebensgeschichte vollzieht und die so einem Ziel zustrebt – ja die biblische Tradition sieht selbst den Tod noch als Durchgangs-Weg in die ewige, alles vollendende Gemeinschaft mit Gott; Wirklichkeit ist in diesem Sinne prinzipiell »eschatologisch bestimmt« (Pius Siller).

So ist für Christen »der Weg« nicht »das Ziel«, wenngleich der Weg dem Ziel nicht äußerlich bleiben darf (und umgekehrt). Für Wege zum Ziel braucht es Hilfsmittel, denn dieser Weg steht unter »vita-brevis-Bedingungen« (Odo Marquard), d. h. wir können angesichts unserer endlichen Lebenszeit nicht alle Wege mit ihren Gefahren und möglichen Irrwegen selbst kennen – Kompass, Karten, Weg-Weiser u. ä. sind lebensnotwendig. Alle großen Religionen geben in diesem Sinne Weg-Weisungen – keine jedoch so radikal wie das Christentum: Nicht eine abstrakte Heilslehre, nicht primär ein Buch – eine konkrete Person behauptet hier in Predigt und Praxis für sich und für uns: »Ich bin der Weg!« Gerade anschauliche Symbole können uns helfen, uns diesen unbedingten Anspruch näher zu bringen.

Zugänge (M 1 – M 3)

M 1 »Den Leuten auf's Maul geschaut«
Redensarten eignen sich wegen ihres hohen Bekanntheitsgrades – auch bei Kindern und Jugendlichen – besonders als Einstiegsmedium (ebenso *M 13*). Die Transformation der festen Redewendungen in eigene Worte lässt die Schüler das Thema sinnvoll um- und einkreisen. Vertiefungsmöglichkeit: Pantomime oder Malen.

M 2 »An einem Tag wie jeder andere«
Puzzle-Teile aus einer Zeitung von »einem Tag wie jeder andere«. Die Arbeitsanweisungen lassen die elementare Symbolik des Lebens-Weges im individuellen und gesellschaftlichen Bereich erfahrbar werden. Alternative: ein aktuelles Puzzle aus der Zeitung vom Vortag analog bearbeiten. Vertiefung/Überleitung zur religiösen Dimension (dazu: *M 11ff.*): Was trägt noch, wenn Lebens-Wege in einer Sackgasse zu enden scheinen (siehe Todesanzeige)?

M 3 Schriftworte – Schlüsselworte
M 3 präsentiert ausgewählte Texte des AT und NT, die das Juden- und Christentum als »Weg-Religionen« anschaulich werden lassen. Die eigentliche Provokation stellt der johanneische Text mit seinem unübersehbaren Absolutheitsanspruch: »Ich bin der Weg«, dar. Als neutestamentliche Ergänzung noch dringend angeraten: *M 31/ 32* Weg nach Emmaus.

Wege zu sich selbst – Wege zu Gott (M 4 – 18)

In diesem Komplex soll der symboldidaktische Zusammenhang Symbole des Lebens – Symbole des Glaubens besonders wirksam werden. Christlicher Glaube behauptet ja: Der ernsthaft gesuchte Weg zu sich selbst führt zugleich zu Gott – und umgekehrt! *M 4, 5, 7* setzen lebensweltlich im Erfahrungsbereich der Schüler an: Was macht mein eigentliches Leben aus, was fördert/hindert meine fruchtbare Entwicklung zu einem reifen Menschen und zu Gott? *M 6* weitet den Blick von der augenblicklichen Lebenssituation ins Zukünftige des eigenen Lebensweges; vgl. auch *M 15*. Im Kontrast zum »Lebens-lauf des Karl Meyer« sollen die Schüler gewissermaßen eine eigene (dazu hilfreich die »Lebensringe« von *M 11*) Lebensutopie (z. B. zeichnerisch: Lebensstationen) entwerfen. *M 8* betont eindringlich den Ernst und die Unvertretbarkeit der individuellen Lebensentscheidung(en), *M 9* entfaltet dies narrativ; dazu im Zusammenhang des Unterrichtsgespräches z. B. folgendes Tafelbild:

»Herr«	»Diener«
– Entschluss zum Aufbruch (Gründe?) – trifft letzte Vorbereitungen selbst (Ungeduld?) – hört »Trompete« (apokalyptisch)	verständnislos, verharrt zu Hause, im »Alten«
– kennt Wohin nicht genau, hat aber »Ziel« vor Augen (welches?)	Frage nach dem Wohin
– muss auf dem Weg jeweils neu zurechtkommen, kann nichts von zu Hause/vom »Alten« mitnehmen	besorgte Frage nach dem Essvorrat

Weiterführende Arbeitsanweisung: Der Text endet mit dem spannungsreichen Zusammen von »Glück« und »Ungeheuerlichkeit« – wie könnte die Reise wohl enden? Schreibe dazu eine passende Geschichte oder einen Brief des »Herren« an den zu Hause gebliebenen »Diener«.

Mit *M 10* wird die Frage gestellt, ob die heroische Haltung (oder ist sie schon verzweifelt zu nennen?) im Text von Kafka *(M 9)* nicht eine unmenschliche Überforderung ist, die mehr schadet als nutzt. *M 10* ist auch mit vielen anderen Medien kombinierbar, eine eingängige

Kanon-Melodie, die Schüler auch noch nach Beendigung der Unterrichtseinheit gerne singen, etwa als Anfang oder Ende einer Stunde.

M 12: Halbfas wagt es in erfrischender Weise »Lebensweisheiten« im besten Sinne des Wortes für den anzubieten, der Gott suchen will. Der Text ist übersichtlich strukturiert – pointierte These: konditionale Einleitung: (»Wenn ...«), dann prägnanter Imperativ, schließlich konkretisierende Auslegung der These.

Eine suchende, fragende Grundhaltung wird im Text von Erich Fried (*M 15*) konsequent durchbuchstabiert. Brechts Gedicht (*M 14*) endet ebenfalls mit einer »Warum«-Frage. Mit seiner verdichteten Diktion des Sechszeilers regt Brecht unweigerlich zu einer Fülle von Fragen an, die alle um die Situation des Reisenden kreisen; an der Tafel/im Heft könnte folgender Fragenkatalog dazu erstellt werden:

- Ist der Reisende eher in einer Perspektive des Beobachtenden oder des Beteiligten (»Ich sitze am Straßenrand«)?
- Was ist sein Unbehagen bezüglich seines Ausgangsortes und seines Zieles zugleich?
- Wie erklärt sich (trotzdem!) seine »Ungeduld«?
- Ist für ihn – modern gesprochen – »der Weg das Ziel«?

M 16 bietet einen produktiven Kontrast zur Haltung Brechts: Die Mönche befinden sich im Sinne einer christlichen »conditio humana« (selbstgewählt) im stetigen Status »auf der Durchreise«. Für sie ist offensichtilch »der Weg« nicht »das Ziel« (wenn auch wichtig), sondern der Lebensweg hat eine Weisung auf das Himmelreich hin. Die Transzendenzbewegung hat allerdings Konsequenzen für ihr jetziges Leben, laut Text zumindest: Einfachheit der Lebensführung und Gastfreundschaft.
Der Kontrast zwischen den Touristen und den Mönchen könnte in folgendes Tafelbild umgesetzt werden:

	Mönche	Touristen
Ziel der Reise	Himmelreich, Reich Gottes	kurzfristige Vergnügungsreise
Lebensstile	einfach, bescheiden Gastfreundschaft gegenüber Fremden	Verwunderung darüber (andere Lebensstandards)

Weiterführende Frage: Was antwortet der Tourist den Mönchen?

Kreative Aufgabe: Entwirf eine fortführende Geschichte für den (zugegebenermaßen unwahrscheinlichen) Fall, dass der Tourist sich entschließt, im Kloster als Mönch zu bleiben; in einem Brief legt er seiner Familie seine Entscheidung dar ...

M 13 kann als Einstiegsmedium oder als Hinführung zum Themenbereich Labyrinth (*M 17, 18*) eingesetzt werden. Stoßrichtung der Auseinandersetzung damit: Wo/Wann gab es in meinem Leben »Umleitungen«? Sind Umleitungen »schlimm«? Hat sich manche Umleitung im Nachhinein als produktiver Umweg erwiesen? (Siehe auch den Bildhintergrund: »Baustelle« – das Leben als »Baustelle«?)

M 17, 18: Labyrinthe haben eine alte menschheitsgeschichtliche Tradition – sie finden sich im kulturellen »Urgestein« des skandinavischen Raums (Stein-, Heckenlabyrinthe) ebenso wie bei den Pueblo-Indianern des nordamerikanischen Südwestens (Körbe, Matten). In unserer europäischen Mythentradition steht zum Thema Labyrinth am Anfang Dädalus, der den gefürchteten Minotaurus im Zentrum des von ihm als genialem Architekten erdachten Konstrukts einschließt. Theseus schließlich besiegt das Ungeheuer und kommt aus den Todesgefahren mit Hilfe des rettenden Ariadnefadens wieder ans Tageslicht. Weniger bekannt ist die An- und Umverwandlung dieses mythischen »Leitfossils« von Lebensgefahr und heilvoller Errettung in der christlichen Tradition. Ähnlich wie Theseus begab sich Christus in die dunkle Tiefe der Todeszone, ja extremer noch: durchschritt Leiden und Tod vollends im Vertrauen auf den ihn haltenden Vatergott und überwand dadurch den Tod endgültig als Hoffnung für das Heil aller. In diesem soteriologischen Sinne findet man das Labyrinth schon in den frühen Kathedralen – meistens als Fußbodenkachel (am bekanntesten ist wohl das Labyrinth von Chartres, einschlägig aber auch z. B. S. Vitale in Ravenna, S. Maria in Trastevere/Rom; in Deutschland: St. Gereon und St. Severin in Köln). Neben dieser christozentrischen Lesart galt das Labyrinth auch als Symbol für das Leben schlechthin – für die Irrungen und Wirrungen des menschlichen Lebens-Weges, der schließlich doch ins Ziel, zur Mitte, die alles hält und trägt, führt. (Trügerische Kreuzungen, Verwirrungen, Sackgassen u. a. gibt es erst ab der Rokokozeit, dann als verspielter »galanter« Irrgarten.) Eine letzte Sinnebene schließlich erhält das Labyrinth in der Bußpraxis der alten Kirche: Weniger begüterte Gläubige konnten hier gewissermaßen stellvertretend den teuren und gefährlichen Pilger-Weg (»Kreuz-Weg«) nach Jerusalem – oft in der Karwoche auf den Knien – absolvieren.

Das in *M 18* abgelichtete Labyrinth liegt in *M 14* als Planskizze vor. Zur Realisierung sind ca. 2,5 Liter Asphaltmarkierungsfarbe und 3 bis 4 Stunden gemeinsame Arbeit notwendig – eine Bereicherung eines »leibhaftigen« Religionsunterrichts, eine Verschönerung des Schulhofs und eine spirituelle Vertiefung des Schullebens!

Exodus – Auf-dem-Weg-sein (M 19 – M 20)

M 19: Den Charakter von Juden- und Christentum als »Weg-Religionen« bringt der Holzschnitt zum Stammvater beider Religionen, Abraham, eindrucksvoll zur Anschauung, der repräsentativ für den Exodus als Grundhaltung des gläubigen Menschen stehen soll. Folgende Bildelemente könnten herausgearbeitet werden, um Abraham als »Vater des Glaubens« (Röm 4,18) deutlich werden zu lassen:

Bildelement	Deutung
– Blick nach oben gerichtet, große Augen	hört auf das Wort Gottes, erwartungsvoll und gehorsam
– Hände, Knie und Füße fest am Boden	ein Mensch – fest gegründet, gegründet in der Verheißung Gottes
– mitten in der Wüste, unbehaust	Wagnis des Glaubens; Mut, sich auf den Weg zu machen
– Stadt und Behausungen im Hintergrund	lässt das »Alte« hinter sich, wagt das »Neue« im Vertrauen auf Gott

M 20: Das Hungertuch eines südafrikanischen Künstlers verbindet vier thematische Komplexe des Symbolkreises Weg zu einem »Gesamtkunstwerk«: das Exodusmotiv des AT, die Emmaus-Weg-Geschichte des NT (vgl. *M 31*), die Notsituation Afrikas und die Situation bei uns angesichts der von uns geforderten Gastfreundschaft gegenüber hilfesuchenden Flüchtlingen. Eine Übersicht über die Gesamtkonzeption:

1) Bleibe bei uns, Fremder. Die Emmausgeschichte
Auf drei Ebenen erzählt der Künstler von Emmaus.
Zwei Männer, mit Reisesack unterwegs, laden einen Fremden zu Gast bei sich ein.
Erst beim Brotbrechen erkennen sie Jesus. Der Eingeladene wird selbst zum Gastgeber. Die einen Fremden aufgenommen haben, nehmen teil am Gastmahl des Herrn. Diese Tischrunde weitet sich aus für alle Menschen, für die Großen und die Kleinen, für die Frauen, Männer und Kinder, für Schwarze und Weiße.
Jesus entschwindet ihren Augen. Die Jünger kehren zurück nach Jerusalem. Jesus überläßt sie auf ihrem Weg sich selbst – ein Hinweis auf unseren Lebensweg, der oft mehr von Unsicherheit, Gebrochenheit und Alleinsein geprägt ist als vom Spüren der kraftvollen Nähe Gottes. Und doch sagen die Jünger zueinander: »Brannte uns nicht das Herz in der Brust, als er unterwegs mit uns redete ...« (Lk 24,32).
Der Auferstandene will sich auch heute als Fremder und Ausgestoßener denen zu erkennen geben, die seine Jünger sein wollen.

2) Die Hölle auf Erden – Alltag für Millionen
Menschen sind auf der Flucht und stehen als Fremde vor unserer Tür.
Der Künstler zeigt eine Gruppe von Sklaven, mit Ketten verbunden. Rund 100 Millionen Menschen wurden allein in Afrika über die Jahrhunderte gegen ihren Willen als Sklaven in die Fremde verschleppt.
Wir sehen eine alleinstehende Frau mit vielen Kindern am Rock und am Hals. Es ist die Frau eines Wanderarbeiters, der in die Stadt zog, um Arbeit zu suchen, während seine Frau für das Leben und Überleben der Kinder zu sorgen hat. Fremde stehen vor einer hüttenähnlichen Toreinfahrt. Sie begehren Einlaß. Werden sie Aufnahme finden?
Ein Mann mit Fackel zündet Häuser an. Eine Maske verdeckt sein Gesicht. Er steht vor einem Sarg, in dem bereits Opfer des Fremdenhasses liegen. Teils tot, teils zu Tode verängstigt, finden sie keinen Ausweg. Die Leiter ist zerbrochen. Auf dem großen Karren liegen die Toten, die auf ihren Abtransport warten.

3) Aufbruch zu einem neuen Leben. Die Abrahamgeschichte
Abraham verläßt seine Heimat Haran mit seiner Frau Sarah und seinem Neffen Lot. Mit all ihren Schafen und Ziegen, mit ihren Kindern und Zelten ziehen sie in das fremde Land. Sogar die Kranken werden auf ihren Tragen mitgeschleppt. Einige bleiben aber zurück, allein und vereinsamt am Eingang ihrer Hütten. Sie haben Angst, die vertraute Umgebung mit all den Fleischtöpfen im Stich zu lassen.
In Erinnerung an die Zeit, da Israel im fremden Land gelebt hat sowie an unsere eigene Situation als Pilger und Fremdlinge auf Erden (Ps 39,13; Hebr 11,13) soll jeder Gast im Namen Gottes, der ihn liebt, aufgenommen werden.
Abraham, der Fremdling aus Ur in Chaldäa, wurde zum Prototyp für den Menschen, der »unbehaust« und nur »Gast auf Erden« (GL 656) ist. Als Stammvater des Volkes Israel ist er mit seiner Gastfreundschaft den drei Fremden gegenüber (vgl. Gen 18,1–33) Garant für die Zusage Gottes, daß wir in jedem Fremden dem Herrn begegnen.

4) Struktur des Todes – Kultur des Lebens
Wir sehen ein großes Spinnennetz, gefüllt mit hilflosen Menschen sowie Spinneneiern, von denen einige schon aufgeplatzt sind und ihr Gift verströmen. Ein Hinweis auf die »Strukturen der Sünde und des Bösen« (Redemptor Hominis, Nr. 15; Sollicitudo Rei Socialis, Nr. 36). Herrschende Denkweisen, irrationale Ängste um Eigentum und Arbeitsplatz, Sorgen um die nationale Identität erzeugen eine Stimmung gegen die Fremden, der sich der Einzelne kaum widersetzen kann. Das Gespinst des Bösen kann ein ganzes Volk vergiften.
Auch hier die Opfer, eingepfercht in sargähnlichem Gefängnis, aus dem es kein Entrinnen zu geben scheint.
Trotzdem gibt es Hoffnung. Wir sehen Menschen, die gemeinsam versuchen, Fremde und Gefährdete zu schützen. Eine kleine Gruppe von Frauen und Männern, die den Boden bearbeiten, die säen und pflanzen, werden umringt von einer Menschenkette, die diese Art von Leben in Freiheit beschützt.

5) Flucht als Befreiung. Die Mosesgeschichte
Moses steht mit Aaron von dem Pharao. Sie bitten: »Laß unser Volk ziehen«. Aarons Schlange wird zum Beweis, daß Jahwe mächtiger ist als der Pharao. Er befreit sein Volk aus dem Sklavenhaus (Ex 20,2).
Aber jener Gott, der Mitleid hatte mit dem Schreien seines Volkes in der Fremde (vgl. Ex 22,26), verlangt die Einhaltung von kultischen und sozialen Geboten. Sie sind Nachweis, welchem Gott das Volk des Bundes glaubt. In diesem Heiligkeitsgesetz heißt es u. a.: »Liebe die Fremden wie Dich selbst« (Lev 19,34).
Das Ziel des Exodus unter göttlicher Führung ist damals wie heute eine Welt, die Flüchtlinge menschlich aufnimmt, eine Welt, die ein Leben in Freiheit für alle Menschen möglich macht.

6) Zusammenleben mit Fremden. Das himmlische Jerusalem

Angesichts von Hoffnungslosigkeit und Resignation greift der Künstler ein elementares Bild biblischer Hoffnung auf.

Er malt das neue Jerusalem als Haus mit vielen Wohnungen. Er hofft auf die Vision des Reiches Gottes, das, gefährdet und unansehnlich wie ein winziges Senfkorn, doch zum Baum wird, in dessen Zweigen die Vögel des Himmels Wohnung finden (vgl. Mk 4,30–32; Mt 13,31ff.; Lk 13,18f.).

So wie viele Vögel ihre Nester in den Bäumen haben, so dürfen die Menschen aller Rassen und Hautfarben im Schatten des »Reich-Gottes-Baumes« leben. Daß diese Verheißung uns nicht in den Schoß gelegt wird, will der Künstler mit Nachdruck sagen.

Er lädt uns ein, in der Jesus-Figur der Emmaus-Geschichte (der Name Jesus bedeutet »Jahwe ist Heil«) auch Jahwe zu sehen, der von uns fordert: »Das ist ein Fasten, wie ich es liebe: die Fesseln des Unrechts zu lösen, die Stricke des Jochs zu entfernen, ... die obdachlosen Armen ins Haus aufzunehmen« (Jes 58,6–7).

Aus: Misereor-Hungertuch »Gott begegnen im Fremden«, © 1994 Misereor Medienproduktion und Vertriebsgesellschaft, Aachen.

Weg-Weisungen der großen Weltreligionen (M 21 – M 30)

Weg-Weisungen aus der jüdisch-christlichen Religion

M 21: Auf-dem-Weg-Sein heißt auch gefährdet sein, deshalb tradieren die Religionen Weg-Weisungen, um Orientierung auf dem Lebens-Weg (zu Gott und den Nächsten) zu geben. Zunächst mit *M 21* die grundlegende Weg-Weisung der jüdisch-christlichen Tradition. Auslöser und Grundvoraussetzung des Dekalogs ist die Befreiungstat Jahwes – die Gebote sind dann der Versuch, die geschenkte Freiheit für die menschliche Gemeinschaft zu erhalten. Abgedruckt sind hier die beiden einschlägigen Textpassagen des AT und die katechetische Überlieferung, damit deutlich wird, dass die biblischen Texte ein unterschiedliches Aufbaumuster verzeichnen und dass die allgemein gängige katechetische Fassung eine aposteriorische und diskussionswürdige Zusammenfassung bilden (Wegfall des Bilderverbotes, dafür Trennung des 9. und 10. Gebotes). Die Schüler sollen die Textfassungen vergleichen, gliedern und vor allem Beispiele für die einzelnen Gebote geben.

M 22 transformiert den biblischen Text in die heutige Sprache; die Diktion verdeutlicht, dass es sich beim Dekalog um (An-)Gebote und (An-)Weisungen handelt, die uns befähigen sollen, ein Leben anzustreben, das für alle glückt.

M 23 gibt eine Weg-Weisung aus der christlichen Tradition, die noch eine Stufe konkreter formuliert. Vielfältige Möglichkeiten zur Exemplifikation an der eigenen Lebenspraxis sind gegeben.

Lohnenswerte weitere Weg-Weisungen aus christlichem Geist finden sich auch in den Liedtexten des Abschnitts »Leben aus dem Glauben« im Gotteslob, z. B. Lied Nr. 622.

Weg-Weisungen aus der Tradition des Islam

Auch die dritte Religion, die in Abraham den Urvater des Glaubens sieht, der Islam, versteht sich als »Weg-Religion« (Annemarie Schimmel): Millionenfach beten die frommen Moslems täglich die Sure »Führe uns den Geraden Pfad« (1,6). Bei der Motivik des Heils-Weges denkt der Araber natürlich lebensweltlich auch an den rechten Weg, der in der lebensbedrohlichen Wüste zum Wasser/zum Leben führt; in diesem Zusammenhang wird Mohammed in der tradierten Spiritualität als »Karawanenführer« bezeichnet. Eine Kurzformel für den »geraden Weg« geben die »fünf Säulen« des Islam, die mit *M 25* visualisiert werden können, es sind dies:

- das Glaubensbekenntnis (Es gibt keinen anderen Gott als Gott; Mohammed ist sein Prophet.);
- das fünffache tägliche Gebet (am Morgen, Mittag, Nachmittag, beim Sonnenuntergang und in der Nacht):
  Lob sei Allah, dem Weltenherrn,
  Dem Erbarmer, dem Barmherzigen,
  Dem König am Tag des Gerichts!
  Dir dienen wir und zu Dir rufen wir um Hilfe;
  Leite uns den rechten Pfad,
  Den Pfad derer, denen Du gnädig bist,
  Nicht derer, denen Du zürnst, und nicht der Irrenden.
- die Armensteuer (10 bis 25 % des Einkommens);
- Fasten im Monat Ramadan;
- Wallfahrt nach Mekka.

Die Schüler tragen dies in die Abbildung *M 25* ein. Mit den Schülern sollte darüber gesprochen werden, warum für Mohammed wohl gerade diese »fünf Säulen« so elementar waren, dass er sie für alle Moslems für verbindlich erklärte. Gemeinsamkeiten und Unterschiede zum Dekalog (*M 21*) sollten herausgearbeitet werden.

M 26 gibt eine Kurzformel des islamischen Glaubens im Bild des »Glaubensschiffes« (Kalligrafie wegen des Bilderverbotes!). Schiffsrumpf und Ruderwerk bringen die sieben Glaubensartikel zur Darstellung: »Ich glaube an Gott und seine Engel, seine Bücher, seine Propheten, an den Jüngsten Tag, die Vorherbestimmung, das Gute und Böse und an die Auferstehung nach dem Tode.« Das Segel wird durch das Hauptgebot der »Ersten Säule« (vgl. *M 25*) gebildet: »Es gibt keinen anderen Gott als Gott; Mohammed ist sein Prophet.«

Ein Vergleich mit dem christlichen Glaubensbekenntnis (siehe z. B. Gotteslob Nr. 2/5) bietet sich an.

Als Einstimmung in das Weg-Motiv im Islam können die beiden kurzen Gedichte (*M 24*) dienen: Das erste betont das Unterwegs-Sein des Gläubigen, das zweite spricht das Vertrauen aus, dass Gott – trotz Irrwegen und Sackgassen – hilfreich führt. (Vgl. dazu den Textabschnitt zum Labyrinth!)

Wegweisungen aus buddhistischer und hinduistischer Tradition

M 27–30 bringen die klassischen östlichen »Weg-Religionen« ins Spiel. Die jeweils exponierten Weg-Weisungen können in *M 28* und *M 30* visualisiert werden. Gemeinsamkeiten und Unterschiede zwischen der biblischen und fernöstlichen Tradition sollten herausgestellt werden.

Abschließend könnte das erworbene Wissen kreativ umgesetzt werden, indem die Schüler einen Briefwechsel zwischen Kindern der verschiedenen »Weg-Religionen« führen; vielleicht sind auch Schüler verschiedener Weltreligionen in der Klasse.

Der Weg nach Emmaus (M 31 – M 34)

Zum Schluss ein lohnenswerter Blick auf eine zentrale Weg-Geschichte des NT, die paradigmatisch für christliche Existenz überhaupt stehen kann. Die Emmaus-Geschichte soll übertragen werden auf den inneren Weg des heilmachenden Zum-Glauben-Kommens und auf den Weg der Eucharistiefeier hin zur liturgischen Mahlgemeinschaft und in die Nachfolge.

M 31 als Einstiegsmedium zur Emmaus-Weg-Thematik: Zunächst eine nüchterne Bildbeschreibung, dann Bezug der Bildelemente auf die Situation der nachösterlichen Jünger, wie sie der biblische Text zeichnet:

Bildelemente	Emmaus-Text
– Hintergrund: hell und dunkel zugleich	– Vorgeschichte der Jünger: Hoffnung gebendes Beisammensein mit Jesus, aber dann die (scheinbare) »Katastrophe« des Kreuzes
– Jünger: gebückt, mit Stock, Jesus: aufrecht	– Jünger: Trauer, »am Boden« Christus: lebendig, auferstanden
– Weg: hell, wird breiter	– Glaubensweg als Weg der Hoffnung
– Augen der Jünger: geschlossen, Augen Jesu: offen	– sehen/erkennen den Auferstandenen (noch) nicht Jesus sieht den ganzen Weg des Messias
– Jesus: lehrender Handgestus	– Jesus legt Schrift aus: Weg des Messias, dadurch neue Erkenntnis
– Strahlen um Jesus (Nimbus)	– Jesus ist wahrhaft auferstanden.

M 32 Auf dem Weg nach Emmaus Lk 24,13–35

	24,13–14	24,15–27	24,28–32	24,33–35
Erfahrung der Emmaus-Jünger	Flucht der Jünger aus Jerusalem, Enttäuschung über das (scheinbare) Scheitern Jesu.	Noch unerkannter Herr geht mit, stellt Fragen nach dem, was die Jünger »bewegt«, Trauererfahrung kommt zum Ausdruck, Schriftauslegung über den Messias.	Einladung – neues Interesse geweckt, Mahlgemeinschaft lässt den Herrn neu als lebendig erkennen, auch für Jünger: neues Leben(sverständnis)	Neuer Aufbruch, Ostererfahrung kommt zum Durchbruch in der Nachfolge.
(vielleicht auch) unsere Lebenserfahrung	Immer Unterwegs-Sein, vielleicht auch Flucht mit/vor Lebensfragen, Leben als Weg mit Hoffnungen und Enttäuschungen, Suche nach Heil, Erfahrung von Sackgassen.	Gott geht unerkannt meinen Lebensweg mit, doch wir sind oft blind dafür, Schrift bereitet Öffnen der Augen vor.	Mahlgemeinschaft stärkt mein Leben.	In der Gemeinde/Gemeinschaft Jesus als lebendig erfahren, Wege der Nachfolge gehen können.
Eucharistiefeier – ein Weg mit und zu Jesus	ERÖFFNUNG Begrüßung Schuldbekenntnis Kyrie Gloria Tagesgebet	WORTGOTTES-DIENST Lesungen Antwortgesang Evangelium Predigt Glaubensbekenntnis Fürbitten	MAHLFEIER Gabenbereitung Großes Dankgebet Vaterunser Friedensgruß Mahl Schlussgebet	ENTLASSUNG Segen Sendung

Die Schüler können die lukanische Emmausgeschichte in wesentliche Erzählschritte einteilen, die präsentierte Gliederung bietet sich in der Regel an, deshalb ist sie in der ersten Querspalte vorgegeben. Die Schüler sollen dann in ihren eigenen Worten die Erfahrung der Jünger formulieren (beispielhaft in der 2. Querspalte) und dann mögliche eigene Lebenserfahrung dazusetzen (beispielhaft 3. Spalte). Die »Weg-Strecken«/Abschnitte der Eucharistiefeier können in Analogie zu den vier großen Themenfeldern des Textes (1. zusammen gehen/sprechen, 2. hören/Schriftauslegung, 3. gemeinsam feiern/essen/erkennen, 4. Entsendung in die Nachfolge) gesetzt werden; bei traditionell katholisch sozialisierten Schülern kann dies direkt aus dem Gespräch über die Messe entwickelt werden, in anderen Klassen gibt der Lehrer die Teile der Messfeier zunächst in verkehrter Reihenfolge vor (Tafel/Plakate/Kärtchen), dann muss die richtige Reihenfolge gefunden werden. Insgesamt wird dadurch deutlich: Gottesdienst-Feiern und christliche Existenz insgesamt ist ein Auf-dem-Weg-Sein zu Gott, unterstützt von Schrift und kirchlicher Gemeinschaft, also letztlich durch den lebendigen Herrn. Ausführlich könnte die Analogie Emmausweg-Lebensweg – Eucharistiefeier etwa so aussehen:

Eucharistiefeier	Lebensweg
– Einzug	– aus dem alltäglichen Leben ankommen
– Begrüßung	– Ort und Gemeinschaft bewusst wahrnehmen, sich »einstellen« auf Begegnung
– Kyrie	– selbstkritisch Rückblick auf den Lebensweg vollziehen
– Gloria	– Freude, Lob, Hoffnung
– Lesung/Evangelium/ Predigt	– den eigenen Lebensweg im Licht der Schrift(-auslegung) sehen, Weg-Weisung fürs Leben
– Gabenbereitung	– stellvertretend bringen die Gaben den eigenen Lebensweg und die eigenen Lebensmöglichkeiten ein
– Hochgebet	– den Lebensweg der Verstorbenen und der ganzen Kirche miteinbringen
– Kommunion	– bei Jesus ankommen, mit ihm gehen, Wegstärkung
– Abschluss/Entsendung	– gestärkt ins alltägliche Leben gehen, Nachfolge

M 33 »Spuren im Sand« thematisiert ein zentrales Motiv des Emmaus-Weges; das (zunächst unbemerkte) Getragen-Werden durch Gott gerade in schweren Abschnitten des Lebens-Weges. Auch Kinder und Jugendliche können solche Lebensphasen im Nachhinein auf ihrem Lebens-Weg ausmachen.

M 34 Ein eingängiges Lied, das die Emmaus-Thematik Schritt für Schritt entfaltet, mit ausweitendem Blick auf eine Tischgemeinschaft mit allen und gerechte Güterverteilung in der Schlussstrophe.

M 35
Lösungen:

K	I	L	I	L	H	I	Z	N	Z	N	A	I	L	K	I	L	I
I	A	N	K	S	M	Z	K	I	L	A	N	A	I	I	K	I	L
L	I	A	N	K	O	S	M	I	Z	U	O	N	A	L	Z	K	I
I	A	N	O	N	A	I	L	I	K	M	I	Z	N	I	I	O	K
O	I	M	H	C	K	B	Z	I	E	L	R	O	C	H	M	I	O
I	M	I	M	I	K	S	K	S	A	E	M	M	A	U	S	H	I
M	I	Z	K	S	I	M	H	C	S	I	N	A	I	L	I	M	M
H	I	A	N	H	M	I	Z	K	S	T	C	H	M	I	Z	I	H
C	M	L	E	B	E	N	S	L	A	U	F	O	K	I	L	Z	C
S	K	A	K	S	X	O	L	I	A	N	K	S	I	M	H	C	S
I	L	B	K	S	O	I	L	I	A	G	N	C	H	M	I	Z	L
L	I	Y	K	S	D	I	M	H	C	S	C	H	M	I	K	S	I
I	L	R	I	Z	U	O	I	M	H	C	S	O	K	I	L	I	A
K	S	I	M	H	S	C	H	M	I	K	S	C	H	M	I	A	N
K	S	N	K	S	E	K	I	L	I	A	M	I	Z	I	L	I	K
I	Z	T	M	H	C	S	C	H	M	I	K	S	O	K	I	L	I
L	O	H	M	I	Z	S	C	K	I	L	I	K	S	S	L	I	L
I	K	S	C	H	M	I	O	N	A	I	L	I	K	K	I	L	I

A	B	R	A	H	A	M

M	O	S	E	S

2. Symbolkreis: Haus

Zur Orientierung

Das Haus ist zunächst ein elementares Urbild des Lebens. Denn menschliches Leben steht von seinem Ursprung her im Vergleich zur umgebenden Wirklichkeit in einem Verhältnis erschreckender Asymmetrie: Wie übermächtig sind die Naturgewalten, denen es ausgesetzt ist, wie schwach sind die Möglichkeiten, das Leben des Menschen dagegen zu schützen. Dieser war jedoch im Unterschied zum Tier nicht auf seine Umwelt festgelegt – er konnte mit seinen flexiblen intellektuellen Leistungsmöglichkeiten auf vieles reagieren und Kulturtechniken entwickeln, die Leben und Weiterleben gewährleisteten. Hier hat das Haus seinen zentralen anthropologischen Ort, es hat sich uns – entwickelt aus Höhle, Zelt, Hütte – als elementare Antwort auf die Grundfrage des Menschen nach Geborgenheit und Schutz seit Jahrtausenden archetypisch eingeprägt. Und da es dem Menschen nicht nur um Geborgenheit und Schutz im Hier und Jetzt, sondern dabei auch und vor allem um etwas Endgültiges geht, ist das Haus auch zugleich ein Urbild des Göttlichen.
Diese gemeinsame menschliche Grunderfahrung darf vom Einzelnen nicht individualistisch verkürzt werden – das Haus soll nicht abkapseln, sondern es soll offen sein: so das Haus Gottes, die Kirche, und bestimmt das »Haus des Vaters«, in dem ja bekanntlich »viele Wohnungen« bereitet sind.

Zugänge (M 1 – M 2)

M 1 Das verletzliche Welt-Haus
Vorschlag/Hilfestellung für eine Bildmeditation:
Mit dem von Mario Merz (* 1925) im Jahre 1991 erstellten Objekt assoziieren einige ein Iglu, manche eine Kuppel, viele einen angedeuteten Globus. Letztere Hypothese wird durch den Titel, der auch als Neonschrift von einer Seite aus für den Betrachter zu sehen ist, bestätigt – es geht um unsere »Welt«, man könnte also von einem »Welt-Haus« sprechen.
Unser zur Zeit häufig gebrauchtes Wort »Ökologie« stammt aus dem Griechischen und meint dort so etwas wie »bewohnbar gemachter Lebensraum«, etwas, was wir als eine verantwortungsvolle Aufgabe der Zivilisation vom Schöpfer übergeben bekommen haben. Sieht man den Titel des Objektes genauer an, geht es ja um den ruhenden Punkt, um den sich die Welt dreht, der alles zusammenhält. Harmoniert das Ganze – der Dreh- und Angelpunkt und die Wirklichkeit um ihn herum –, bleibt dieser Organismus intakt, »im Lot«.
Die Zerbrechlichkeit dieses »Welt-Hauses« ist jedoch durch die gläserne sphärische Außenhülle um den steinernen Innenkreis angedeutet – man assoziiert das vieldiskutierte »Ozonloch«, das sich langsam in der sensiblen Umhüllung unseres Planeten ausbreitet.
Die gläserne Hülle gibt aber für die, die in diesem »Welt-Haus« leben, den Blick frei nach ganz außen, letztlich ins Grenzenlose, Unendliche, das dadurch in diesem Objekt immer mit präsent ist. Denken wir an und achten wir auf diesen unendlichen, aber zerbrechlichen Zusammenhang unseres »Welt-Hauses«?

M 2 Schriftworte – Schlüsselworte
Haus Gottes unter den Menschen – Wir sind die Kirche!
Grundlegend für die Behandlung des Themas sollte sein: Kirche (griech.: »kyriake«, d. h. dem Herrn gehörig) ist die Gemeinschaft der Gläubigen, die, durch die Predigt und Praxis Jesu zusammengerufen, Geschichte als Heilsgeschichte Gottes mit den Menschen erfährt, erzählt, feiert und aus ihr zu leben versucht. Erst später wird der Begriff »Kirche« auf das materielle Gebäude übertragen, das der Gemeinschaft Gottes mit den Menschen im handfesten Sinne »Raum geben« soll. Für diese grundlegend-biblische Differenz zwischen geistiger und materieller Kirche sollen die Schüler durch die Arbeit an den biblischen Grund-Sätzen in *M 2* sensibilisiert werden. Schon das AT sieht dieses Problem in dieser Perspektive: David will dem Herrn ein festes Haus »aus Zedernholz« bereiten, Gott erinnert ihn korrigierend daran, dass das »Haus Gottes« als Zelt stets mit den Menschen unterwegs war und sein wird!
Folgende Fragen könnten die Arbeit mit den biblischen Leit-Sätzen leiten:

- Warum widerspricht der Herr dem König David, als dieser ein festes Gottes-Haus bauen will? Wofür steht im Gegensatz dazu das »Zelt«?
- Welche Vorstellung vom »Haus Gottes«, von Kirche hatten die ersten Christengemeinden?
- Welches Verhältnis zwischen Gott und Mensch zeigt sich darin?
- Welche Gründe und historischen Anlässe gab es für die frühen Gemeinden dann aber doch, Gottes-Häuser aus wirklichem Stein zu bauen?
- Wäge die Vor- und Nachteile dieser Entwicklung ab.

(Karikaturen zu diesem Fragenkomplex: *M 18–21*, Texte: *M 22, 23*).

Ein Dach überm Kopf ... (M 3 – M 7)

M 3 »Traum-Haus«
Dieses Bild soll die Schüler dazu anleiten, sich Gedanken darüber zu machen,
- warum sich viele ein Haus wünschen,
- welche menschlichen Grundbedürfnisse ein Haus befriedigt,
- welche Einschränkungen in Bezug auf die Entfaltung menschlicher Erfahrung es auch darstellen kann,
- wie ihr eigenes »Traum-Haus« aussehen könnte.

Im Blick auf die letzte Fragestellung sollte man sich ruhig Zeit nehmen: Die Schüler sollen ihr »Traum-Haus« im Grundriss aufmalen (mit mehreren Stockwerken, mit Garten u. a.) und ein von ihnen in diesem ihren Haus ersehntes Leben (gegebenenfalls mit den dort lebenden Menschen) in Wort und/oder Schrift schildern. Der Schulhof kann genutzt werden, um mit der Klasse ein lebendiges »Traum-Haus« zu legen. Mit einer genügenden Anzahl von Schülern kann man ein größeres Haus mit vielfältigeren Details auslegen – eine wahrhaft »leibhaftige« Erfahrung!

M 4 Verheißungen der Werbung
Ein Medium aus dem Bereich der Werbung, alternativ oder ergänzend zum Bildmedium *M 3*. Da die Werbung der Bausparkassen bewusst auf tief greifende mensch-

liche Grundbedürfnisse zielen, kann dieses Medium genutzt werden, um diese Bedürfnisse aufzudecken und zu beleuchten und dann bewusst mit ihnen umzugehen.

M 5 »Unbehaust«
Es gibt Menschen ganz ohne Haus. Sie geraten mit oder ohne eigene Schuld in diese Situation, ja manche suchen bewusst diese Lebensform. So war Jesus oftmals und wohl auch gerne in Häusern zu Gast, wollte/brauchte aber selbst keines zu besitzen; einem Nachfolgewilligen erläutert der Jesus des Matthäus-Evangeliums programmatisch: »Die Füchse haben ihre Höhlen und die Vögel ihre Nester; der Menschensohn aber hat keinen Ort, wo er sein Haupt hinlegen kann« (Mt 8,20). Daraus spricht jedoch keine prinzipielle Verachtung des Besitzes (so bei griechischen Stoikern, Kynikern, im Buddhismus als Tugend an sich), sondern eine gelassene Freiheit, die sich durch eine (Un-)Kultur des »Habens« (Erich Fromm) nicht versklaven lässt. Eine solche Haltung drängt die Christen in die praktische Solidarität mit jenen Armen und Unbehausten, für die Armut gerade keine Tugend, sondern bitteres Schicksal ist.
Folgende Arbeitsanweisungen könnten die Erarbeitung des Bildes anleiten:

- Entwirf eine Geschichte zum Bild, beachte dabei u. a.: Welche Lebensgeschichten führten beide Personen (unbehauster Bettler, alte Frau) in diese Situation und lässt beide gerade das tun, was sie auf dem Bild tun?
- Versuche dich in die Situation des unbehausten Bettlers hineinzuversetzen: Was fehlt solchen Menschen? Was schätzen manche gerade an solch einem Leben? Was kann der Einzelne, was kann Kirche für diese Menschen tun?

M 6 »Verstoßen und geschlagen«. Straßenkinder in Lateinamerika
»Misereor« ist das »Bischöfliche Hilfswerk gegen Hunger und Krankheit in der Welt«. Es hat die alten Traditionen des Kreuzwegs (ursprünglich Abschreiten des Leidensweges Christi im Heiligen Land) und des Hungertuchs (liturgisches Altartuch für die Fastenzeit) revitalisiert, um den Leidensweg Christi im Leidensweg der Ärmsten (und umgekehrt) vor Augen zu stellen. Und dies weniger im Sinne einer Anleitung zu einer »besinnlichen« Fastenzeit, sondern vor allem, um unsere Verflochtenheit und Mitschuld am »Kreuzweg« jener Menschen aufzudecken. Der Lehrer sollte diesen Zusammenhang der Tradition vom »Kreuzweg« und »Hungertuch« – aktualisiert im Blick auf die Armen und Entrechteten in der Dritten Welt – einleitend darstellen.
Über das Bild lässt sich u. a. Folgendes erarbeiten:

- Die Kinder leben obdachlos auf offener Straße, übernachten an Wärmetonnen und in Pappkartons.
- Manche helfen sich gegenseitig (links vorn), andern leben neben-, ja oft gegeneinander (rechts vorn).
- Sie (hier stellvertretend: Jesus, dazu gegebenenfalls Mt 25,31ff. miteinbringen) werden brutal von polizeilichen und privaten Ordnungskräften verfolgt, misshandelt und ermordet.
- Kaum einer hilft ihnen, Erwachsene stehen abseits (Gasse hinten, Tür und Fenster halb geöffnet).

(Gesprächsimpuls mit Mk 9,37: »Wer ein solches Kind aufnimmt, der nimmt mich auf.«)
Konkretisierend könnte darauf hingewiesen werden, dass es nicht nur in der Dritten Welt eine erschreckend hohe Zahl von obdachlosen Kindern gibt: In Osteuropa stieg nach dem Zusammenbruch des alten Systems die Zahl entwurzelter Kinder drastisch an und auch in unserem Land gibt es herumstreunende Kinder.
Abschlussgespräch: Was kann Kirche für diese Kinder tun?

M 7 Heimkehr
Kafkas kurzer Text ist eine der vielen An- und Umverwandlungen des lukanischen Gleichnisses vom »Verlorenen Sohn« (Lk 15,11–32), vor allem aber – wie fast alles bei Kafka – biografisch geprägt. Er fühlte sich in dieser Welt als Fremder, Unbehauster: Weder war er im Juden- noch im Christentum existenziell zu Hause (»Ich bin nicht von der Hand des Christentums im Leben geführt worden und habe nicht den letzten Zipfel des davonfliegenden jüdischen Gebetsmantels gefangen«.), noch konnte ihm seine Familie gründende Wurzeln geben (vgl. den berühmten »Brief an den Vater«, bestimmendes Verhältnis zu ihm war »Furcht«). Rückblickend führt Kafka selber das »Misslingen seines Lebens« auf einen »Mangel des Bodens, der Luft, des Gebotes« zurück. Von diesem elementaren Vertrauensproblem (Fremdsein im »Zuhause«) handelt der Text eines Unbehausten, der die grundlegende Frage stellen lässt, ob nicht eigentlich jeder ein »Zuhause«, eine »Heimat« (materiell, familiär, emotional, religiös, ...) braucht und wie sich Menschen (fehl-)entwickeln, wenn dies fehlt.
Grundsätzlich sollte die Interpretation in folgende Richtung gehen: Rückkehr ohne Zuhause; Heimkehr ohne Einkehr; angekommen, aber nicht heimgekommen. Dazu z. B. folgende Einzelfragen:

- Wie wirkt die Atmosphäre des elterlichen Hofs bei der »Heimkehr«?
- Welche Erwartungen hat der Ankömmling?
- Wie verhält er sich?
- Was müssten die im Hause Lebenden tun, um die Rückkehr des Sohnes zu einer glücklichen Heimkehr zu machen?
- Erzähle die Geschichte weiter (eventuell mit »Happy End«).
- Vergleiche Kafkas Geschichte mit dem lukanischen Gleichnis (Lk 15,11–32); beachte vor allem das Verhalten des Sohnes in Vers 18 und das des Vaters in Vers 20.
- Fasse die Unterschiede zwischen der lukanischen Version des Heimkehr-Themas und der Kafkas zusammen. Welche Konsequenzen hat das Ergebnis für unser Leben?

(Kafka-Zitate aus: C. Schlingmann, Literaturwissen Franz Kafka, Stuttgart 1995)

Kirche – Haus Gottes unter den Menschen im Wandel der Zeiten (M 8 – M 13)

Nachdem die gewissermaßen »eschatologische Differenz« zwischen dem »geistigen« und dem »materiellen« Kirchen-Begriff deutlich ist (siehe *M 2*), kann man sich näherhin

dem zweiten Bereich zuwenden – der nach aller Erfahrung die gesamte Sekundarstufe I anspricht. Grundintention sollte sein, bei den Schülern ein Verständnis dafür zu wecken, dass die epochalen Stile Ausdruck des historischen und theologischen Grundverständnisses der jeweiligen Zeit sind. Zudem sollten die Schüler für die Frage sensibilisiert werden, was denn ihr persönlicher und gegenwartsbedingter architektonischer Ausdruck ihres Kirchenverständnisses sein könnte. Im interreligiösen Dialog (Synagoge, Moschee) gilt es Toleranz für andere (welt-) religiöse Anschauungen zu wecken.
Folgende Teilschritte sind sinnvoll (es können aber auch Einzelelemente je nach Klassensituation herausgenommen werden), wobei bei geeigneten Lerngruppen bereits schon vom Bildmaterial her (Begleit-/Lehrtext zuerst abdecken lassen) Grundzüge des jeweiligen historischen Teilabschnitts erarbeitet werden können:

M 8: Einleitend könnte über die anfängliche Konviviens zwischen jüdischer und christlicher Gemeinde (siehe Apg 2–5) in der Synagoge gesprochen werden. Entscheidend ist bei alledem – trotz des Auseinanderdriftens zwischen Juden und Christen, ausgelöst durch den Streit um den Status von Nichtjuden als Vollgemeindemitglieder ohne vorherigen Eintritt in das Judentum (Apg 15) –, dass mit Paulus (Röm 9–11, besonders 11,17–24 »Ölbaumgleichnis«) die bleibende Erwählung Israels bestehen bleibt. Von diesem Grundsatz her ist eine negative Einstellung zum Judentum als abwegig zu betrachten. Der Besuch einer Synagoge ist und bleibt ein Höhepunkt christlichen Religionsunterrichts. Über die Zeit der Christenverfolgung und das Leben in den Katakomben sowie dann in Hauskirchen sollte anschließend gesprochen werden; vor allem im Bezug auf Ersteres sind oft nur trivialisierende Vorstellungen vorhanden, die gegebenenfalls korrigiert werden müssen. Das Bild zeigt eine Rekonstruktion der alten Peters-Basilika.

M 9: In die Besprechung der romanischen Basilika lässt sich zumeist dadurch gut einsteigen, dass bei vielen Schülern das Mittelalter – oft natürlich oberflächlich – positiv besetzt ist. Zudem haben wir es ja ab jetzt mit Gotteshaustypen zu tun, die in unserer näheren Umgebung zum Erfahrungsbereich gehören. Das Bild zeigt die Abteikirche der Abtei St. Hildegard in Rüdesheim-Eibingen (erbaut ab 1148). Diese Abteikirche wurde zwar erst im 12. Jahrhundert erbaut, dennoch handelt es sich hierbei um eine (wenn auch späte) typisch romanische Kirche: zunächst im Baustil, weiterhin auch, was die »einsame« Lage in der Landschaft betrifft: Gotische Kirchen waren in der Regel (manche Klosteranlagen fernab der Siedlungen ausgenommen) Stadt-Kirchen, romanische Kirchen ehrer »Vorposten der frühen Zivilsation« im Mittelalter.

M 10: Für die Erarbeitung der gotischen Kathedrale hat es sich als günstig erwiesen, wenn die Licht-Symbolik (siehe dazu Band 2, 7. Symbolkreis: Licht/Dunkelheit) mit ihren lebensweltlichen und religiösen Implikationen ins Zentrum gestellt wird. Symboldidaktik und historische Sachthematik bilden hier eine ideale Einheit. Auf dem Bild sehen wir die Abteikirche der Zisterzienser-Abtei Marienstatt/Westerwald, eine der ältesten gotischen Kirchen Deutschlands (erbaut ab 1220).

M 11: Als Zugang zur Barock-Epoche hat sich der Einstieg mit barocker Musik bewährt, der den Schülern das damalige Lebensgefühl nahe bringt. Zudem eignet sich dieser Abschnitt für die Besprechung einer Grundthematik des Religionsunterrichts: das Verhältnis von Religion und Kunst, von Glaube und Bild zwischen den Spannungspolen von evangelischer und katholischer Lesart, fokussiert im alttestamentlichen Bilderverbot. Hier böte sich der Besuch einer – zum Barocken antithetischen – schlichten, schmucklosen protestantischen Kirche an. Das Bild zeigt die barocke Abteikirche des Klosters Benediktbeuern/Oberbayern, erbaut in den Jahren 1681–86. Ehemals Benediktinerkloster (gegründet 739), ist das Kloster nach wechselhafter Geschichte seit 1930 Studienzentrum der Salesianer Don Boscos (SDB) und ein Schmuckstück des sogenannten »Pfaffenwinkels«.

M 12: Wie bei vielen historischen Phänomenen tun wir uns mit der Orientierung in Bezug auf gegenwärtige Problemlagen oft am schwersten. So auch in Sachen moderner Kirchenbau. In nicht wenigen Fällen muss gegen das oberflächliche Urteil der Schüler argumentiert werden, zeitgenössische Kirchenbauten seien »gewöhnlich« und ganz und gar nicht »sakral«. Hier lohnt es sich, kurz und schülergemäß die neue Sicht von Kirche und Welt im Sinne des Zweiten Vatikanums einzubringen. Vor allem aber sollte der Grundzug hin zum Gemeindezentrum auf dem Hintergrund der praktischen Gemeindeerfahrung der Schüler plausibel gemacht werden. Inwieweit »Kirche« – als Architektur und lebendige Gemeinde – in bewusst »sakraler« Distanz oder im »inkarnierenden« Einswerden mit der Welt sich adäquat verwirklicht, ist und bleibt ein Grundproblem des Glaubens, die unten aufgeführten Fragen können Schüler dafür sensibilisieren. Auf dem Bild sehen wir die Gemeinde-Räumlichkeiten einer Frankfurter Personalgemeinde: Ein Teil des Gemeindesaales (mit Gesprächsecken, Cafeteria, Büro) ist für das eucharistische Mahl gedeckt, Stühle im Kreis stehen bereit, das Ambiente zeugt von einer familiären, kinderfreundlichen Atmosphäre. Ein Künstler der Gemeinde malte eine gegenwartsbezogene Variante des »Abendmahls« von Leonardo da Vinci (1452–1519) an die Wand, die Fenster zur Stadt stehen für die Ausmalung noch offen.

M 13 Zusammenschau
Hiermit lässt sich, falls die Stilepochen in einem zusammenhängenden Duktus behandelt werden, eine Ergebnissicherung leisten, vor allem wird den Schülern ein historischer Gesamtüberblick anschaulich, etwas was man heute nicht nur im Religionsunterricht schmerzlich vermisst. Das Übersichtsblatt wäre auch für eine Leistungskontrolle geeignet. Zudem werden die einzelnen Hinsichten deutlich, unter denen man jeden Abschnitt erarbeiten kann.

Abrundend zur Beschäftigung mit den Stilepochen könnte man folgende Aufgaben stellen:

- Besucht Kirchen in eurer Umgebung, vergleicht sie mit den dargestellten Stilmerkmalen und versucht sie entsprechend dem Überblicksschema einzuordnen.
- Versucht euch grundsätzlich über folgende Fragen klar zu werden:
  Welche Art des Kirchenbaus entspricht dem Glauben am ehesten?
  Gibt es dafür überhaupt sinnvolle Maßstäbe?
  Beschreibt, zeichnet eure »Wunsch-Kirche«.

Weitere praktische Anregungen:
- Einen Kirchenrundgang durchführen, dazu z. B. ein Arbeitsheft anlegen, in dem Folgendes verzeichnet ist:
  kunstgeschichtliche und historische Informationen;
  ein vereinfachter Grundriss (Kirche selbst »ermessen« und zeichnen, darin die Grundelemente wie Altar, Kanzel, Taufstein, Orgel eintragen);
- Etwas selbst herstellen, z. B.
  eine Figur, ein Symbol der Kirche aus einem Ytong-Stein schneiden;
  ein Fensterbild (vereinfacht) mit durchsichtigem/farbigem Papier kleben;
  Inschriften, Bildschmuck u. a. mit einem weichen Bleistift auf Papier abrubbeln.

Gottes-Häuser in anderen Weltreligionen (M 14 – M 17)

Das Eigene am Fremden – und umgekehrt – kennen zu lernen ist eine besondere Aufgabe des Religionsunterrichts. So geht der vergleichende Blick zu den anderen abrahamitischen Religionen, zunächst zum Gotteshaus des Islam, dann zu dem des Judentums; Letzteres abschließend zuletzt, da hier in besonderer Weise Einblicke in die deutsche Geschichte in Vergangenheit und Gegenwart sowie auch in die Zukunft gewonnen werden können.

M 14 Die Moschee
Lösung:

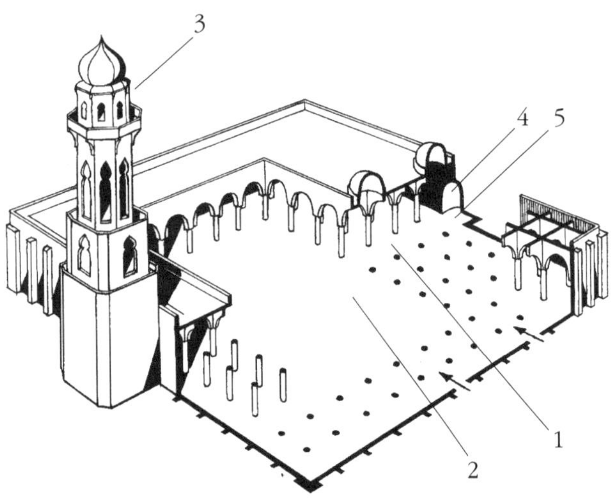

M 15 Die Synagoge
Das weitere Schicksal der Synagoge »Friedberger Anlage« sollte den Schülern mitgeteilt werden – so können sie paradigmatisch geschichtliche Kontinuität miterleben: Die Synagoge wurde – nachdem das Feuer in der Reichspogromnacht nur begrenzten Schaden angerichtet hatte – in den folgenden Tagen mehrfach neu angezündet. Die jüdische Gemeinde wurde dann wegen »Einsturzgefahr« des Gebäudes aufgefordert, dieses auf eigene Kosten gänzlich abzubrechen. Der Abbruch wurde am 17. November 1938 begonnen. Die Polizei stellte Strafanzeige gegen die jüdische Gemeinde – sie habe das Feuer gelegt. In den sogenannen »Judenverträgen« vom 3. April 1939, die einer Zwangsenteignung gleichkamen, wurde als Kaufpreis für das Grundstück der buchstäbliche Spottpreis von 62.000 RM »vereinbart«. Inzwischen hatte die Deportation der et-

Lösung:

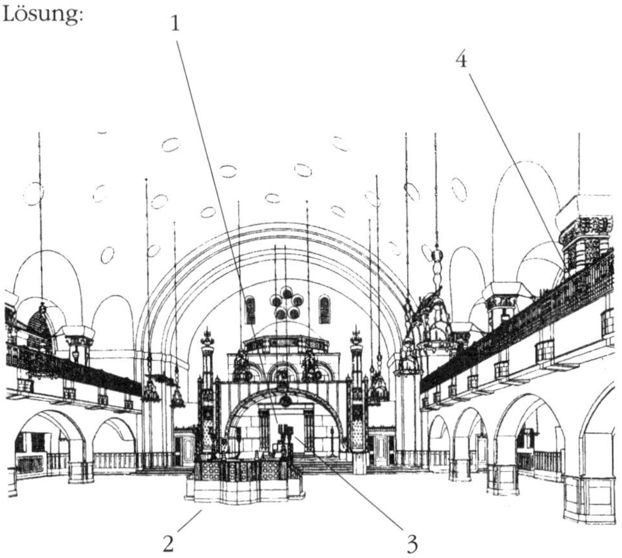

wa 10.000 Frankfurter Juden begonnen; nur wenige überlebten die Konzentrationslager. 1943 wurde auf dem Grundstück der ehemaligen Synagoge ein Luftschutzbunker erbaut, der ab 1947 als Archivraum und ab 1968 als privatwirtschaftlich gepachtetes Möbellager genutzt wurde. In diesen Tagen bemüht sich die Stadt Frankfurt am Main um die Gestaltung des Terrains als würdige Gedenkstätte.

M 17 Streit um Gottes-Häuser – Deine Meinung ist gefragt!
Besonders dieser Abschnitt zeigt anschaulich, dass das Thema Gottes-Haus kein bloßer Gegenstand akademischen Disputs über architektonische und kunsthistorische Problemkreise ist. Vielmehr zeigt die zu Stein gewordene Kirchen- und Weltgeschichte ihre Dynamik hier im Streit zwischen kulturkreisbezogenen Werten und Gefühlen. Den Schülern kann deutlich werden, wie zunächst stumm geglaubte steinerne Zeugen zu sprechen beginnen, wenn die damit verbundene Geschichte von Eroberungszügen, gewaltsamer Expansion und Völkermord sich in betroffenen Menschengruppen zu Wort meldet. Es zeigt sich zudem, dass die Beschäftigung mit Kirchenbauten nie Selbstzweck sein sollte, sondern zu systematischen Grundfragen nach dem geschichtlichen Verhältnis zwischen Gott und Mensch und zwischen den Menschen untereinander weiterleitet. Eine Thematisierung der »Fälle« über Rollenspiele kommt entwicklungspsychologisch der Sekundarstufe I sehr entgegen; der interreligiöse Dialog in der Klassengemeinschaft ist ein wertvolles Ziel des schulischen Religionsunterrichts.

Bilder vom Haus Gottes – selbstkritisch (M 18 – M 23)

Dieser Bereich leistet einen Transfer von den zunächst an oder mit einem realen Kirchenbau im Bild dargestellten Fehlentwicklungen zu den darin deutlich werdenden geistigen Fehlhaltungen in und um Kirche, die einer Korrektur bedürfen, will das »Haus Gottes« wirklich allen Menschen auftragsgemäß seinen jesuanisch-biblischen Dienst tun. Dies macht auch das Besondere gerade dieser Karikaturen aus, denn solche zum Thema Kirchenkritik allgemein gibt es zuhauf; diese hier haben jedoch »Haus

Gottes unter den Menschen« als Anknüpfungs- und Auslösepunkt des kritischen Gedankens und zugleich einen biblisch orientierten Kirchenbegriff als implizite Norm (vgl. *M 2*) der Kritik.
Folgende Grundfragen könnten die Arbeit mit den Karikaturen anleiten:

- Welche Fehlentwicklungen in und/oder um Kirche werden angedeutet?
- Welches sind vermutlich die Normen der Kritik?
- Von welchem Standpunkt aus wird die Kritik geübt, eher
  eine Außenperspektive (Anfrage von Außenstehenden, oft destruktiv) oder eher
  eine Innenperspektive (Anfrage von Engagierten, Kritik soll reformieren helfen, meist konstruktiv)?
  Zu was fordert die Kritik uns auf? Was lässt sich konstruktiv tun?

Im Einzelnen haben die Karikaturen folgende weitgefächerten Stoßrichtungen:
M 18: Wenig erfolgversprechender Versuch, außerhalb des Hauses Gottes Christi Botschaft zu Wort zu bringen, falsche Anbiederung an dem Zeitgeist.
M 19: Jesuanisch-biblisch fundierte Kritik: Mächtige in der Kirche wollen die Kirche dem Herrn der Kirche, dem Gekreuzigten, entreißen, der in ohnmächtiger Geste, seine Wundmale zeigend, den ursprünglichen kirchlichen Auftrag einfordert.
M 20: Kritik am Konsumverhalten von Gläubigen, die in der Kirche eine bloße Service-Station zur unmittelbaren Bedürfnisbefriedigung sehen wollen.
M 21: Unproduktiver Umgang mit Kritikern und Reformwilligen: »Amtskirche« mauert sich selbst ein, Ghettomentalität.

M 22 – M 23
Mit diesen beiden Texten kann das Grundproblem dieses Symbolkreises noch einmal fokussiert werden: »Haus Gottes« in seiner dialektischen Verbundenheit zwischen Äußerlichem und Innerlichem; der zweite Text (*M 23*) ist besonders interessant, weil die Schüler hier (noch einmal) zeichnerisch ihre Vision von Kirche darstellen können.

M 24 – M 25
Zwei Möglichkeiten zur Ergebniskontrolle des Abschnitts: »Kirche – Haus Gottes unter den Menschen.«

M 24
Lösung:

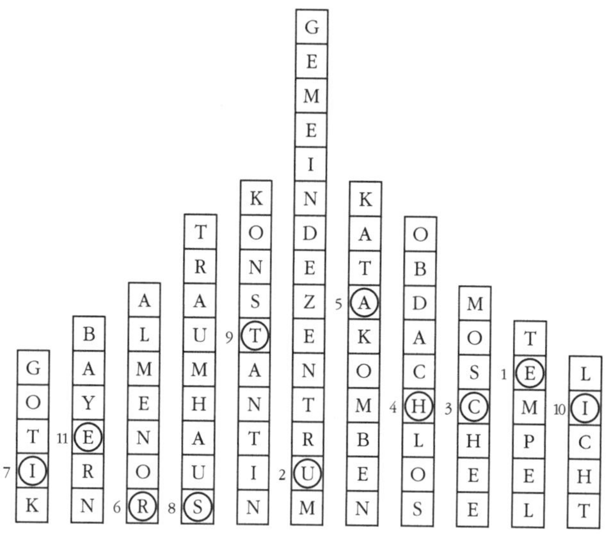

E	U	C	H	A	R	I	S	T	I	E
1	2	3	4	5	6	7	8	9	10	11

3. Symbolkreis: Brot und Wein

Zur Orientierung

Überdeutlich zeigt sich in den Symbolen von Brot und Wein die Verbundenheit zwischen Leben und Glauben. Brot und Wein sind Urstoffe menschlicher Nahrung und Geschenk göttlicher Gnade zugleich; sie zeigen den Übergang zwischen Einzelnem und Gemeinschaft im Mahl und die Transzendenz zwischen Menschlichem und Göttlichem im eucharistischen Opfer. Die Eucharistiefeier betont eigens das Zusammenwachsen dieser Bereiche: Brot und Wein sind Früchte der menschlichen Arbeit und der Erde und zugleich Gabe Gottes. Beide Symbole sind Urbilder der Wandlung aller teleologischen Existenz, die letztlich auf Gott hin gerichtet ist, par excellence: Aus dem zunächst unscheinbaren Seinszustand wird ein höherer, wenn Korn und Traube sich »opfern«, aus dem Einfachen, Individuellen wird ein Höheres, Gemeinschafthabendes mit den anderen Menschen, schließlich mit dem ganz anderen – mit Gott. Diese Erfahrung der Wandlung alles Lebendigen, des Prozesshaften muss freilich bei Schülern oft erst (neu) aufgebrochen werden. Schon die vitale Beglückung des Hungrigen durch das Brot etwa ist zumeist außerhalb des Erfahrungsbereichs vieler Jugendlicher, ebenso die beglückende Erfahrung eines gelungenen Festes, das die langweilige Routine von »Feten« übersteigt. In dieser Richtung sollen und können die Texte, Bilder und Lieder einiges in Bewegung setzen.

Zugänge (M 1 – M 5)

M 1: Die Ess- und Trinkkultur – wie man bei uns zu Tisch sitzt – zeigt nicht nur etwas über das Verhältnis der Menschen zu »Brot und Wein« in dem eingangs skizzierten Sinn, sondern auch etwas über den Zustand der Gesellschaft. Vor allem Letzteres zu erkunden war das Ziel des bedeutendsten amerikanischen Vertreters des sogenannten »sozialkritischen Realismus« der 40er und 50er Jahre, Edward Hopper (1882–1967). Die Menschen auf dem Bild werden von diesem scharfsinnigen Analytiker wie in einem gläsernen Schaukasten präsentiert: Eine typisch amerikanische Cafeteria, eigentlich Ort des urbanen geselligen Beisammenseins bei Essen und Trinken, hat nur wenige Kunden; diese sind gekennzeichnet von Beziehungs- und Sprachlosigkeit. Das Essen und Trinken wird ganz und gar nicht als Transzendenzerfahrung zwischen Mensch und Mensch oder gar zwischen Mensch und Gott erlebt; starr, mit leeren Gesichtern sitzen die Personen nebeneinander. Der Titel »Nachtschwärmer« soll wohl auch andeuten, dass es sich hier um Menschen handelt, die durch die Nacht schwärmen, weil sie auf der Suche sind, auf einer offensichtlich vergeblichen Suche nach Zuwendung, Geborgenheit und Liebe. Eine Bildbeschreibung kann Stück für Stück diesen Befund erarbeiten. Folgende Fragen könnten gestellt werden (auch ein Vergleich mit *M 14* – Mahlbild von Sieger Köder – ist erhellend):

- Was geht normalerweise in einer Cafeteria vor sich, wie verhalten sich die Menschen dort zumeist?
- Wie sind die Menschen auf diesem Bild dargestellt (Körperhaltung, Gesichtsausdruck, Beziehung zueinander)? Was geht in ihnen wohl vor?
- Was sagt der Titel »Nachtschwärmer« über diese Menschen aus?
- Vergleiche dieses Bild mit dem Bild von Sieger Köder: Welche Unterschiede zwischen beiden Situationen des Essens und Trinkens stellt man fest?

M 2: Wohl noch extremer ist die Beziehungslosigkeit einer Tischgemeinschaft bei Katharina Frisch zur Darstellung gebracht. In radikaler Abstraktion ist der Tisch – eigentlich mit einem farbenfrohen Tischtuch bedeckt – leer. Wie geklonte Lebewesen hockt starr und kommunikationslos eine große Anzahl von Menschen uniform in identischer Haltung nebeneinander, aber eigentlich nicht nebeneinander; die leeren Augen starren ins Nichts. Folgende Arbeitsanweisungen könnten gegeben werden:

- Beschreibe die am Tisch Sitzenden und ihre Beziehung zueinander.
- Was könnte in diesen Menschen wohl vorgehen?
- Was könnte man tun, um die Situation positiv zu verändern?
- Vergleiche dieses Bild mit dem Bilder von Sieger Köder. Welche Unterschiede zwischen beiden Situationen des Essens und Trinkens stellt man fest?

M 3 – M 4: Die beiden Medien – das eine vom Zeichnerischen, das andere vom Reportagehaften her – thematisieren die »Hypertachyzität« (Odo Marquard) in der Konsumption unserer Nahrung. Durch die Schnelligkeit geht eine tiefere Bedeutung der »Eckdaten« des menschlichen Mahls verloren – vielen ist das Was, das Wie und das Mit-Wem des Essens egal; ein wichtiger lebensweltlicher Hintergrund für die Verständnislosigkeit vieler Jugendlicher gegenüber dem eucharistischen Geschehen – eine Haltung, die es aufzubrechen gilt. Zumindest muss deutlich werden: Essen ist mehr als bloße Nahrungsaufnahme.

M 5 Schriftworte – Schlüsselworte
Diese zentralen biblischen Leit-Sätze können in mancherlei Hinsicht sinnvoll eingesetzt werden:

- Sie lenken als programmatische Äußerungen den Blick auf längere biblische Passagen, die im Kontext unseres Themenkreises dann ausführlicher behandelt werden können.
- Sie eignen sich als perspektivenreiche Leit-Sätze für den Einstieg in einen Unterrichtsabschnitt und/oder als eine die Einheit abrundende christozentrische Akzentuierung.
- Bei meditativ gestimmten Lerngruppen kann man diese »Schlüsselworte« bis zur nächsten Stunde »mit auf den Weg« in den Alltag geben (z. B. schriftlich auf Kärtchen); in der folgenden Stunde kann darüber ein fruchtbares Gespräch stattfinden.

Brot und Wein – elementare Lebens-Mittel (M 6 – M 13)

M 6 Brot
Das Gedicht vereinigt alle wichtige Aspekte zu Brot als einem Urbild des Lebens und des Glaubens zugleich – die elementare lebensnotwendige Bedeutung des Brotes wird deutlich sowie auch die damit verbundene Transzendenzerfahrung zwischen Mensch und Mensch und zwischen Mensch und Gott. Folgende Erschließungsfragen könnten das Gedicht aufschlüsseln:

- Welche Eigenschaften von Brot werden benannt?
- Welche zwischenmenschlichen Erfahrungen gibt es um und mit Brot?
- Inwiefern ist in diesem Gedicht auch von Gott die Rede?
- Beziehe die Gesamtaussage des Gedichts auf die Eucharistiefeier.
- Hast du etwas von dem bisher Erarbeiteten bereits selbst erlebt?

Für Lerngruppen, bei denen eine eher meditative Beschäftigung mit den Symbolen Brot und Wein möglich ist, seien zwei Stille-Übungen wiedergegeben, die eine Anleitung für einen solch meditativen Zugang sein können.

(L = Leiter/in; TN = Teilnehmer/innen. Jede freie Zeile im Sprechtext bedeutet eine längere Sprechpause.)

Körner in unserer Hand

Alle TN sitzen im Kreis. In der Mitte steht eine Schale mit Weizenkörnern und ein Strauß Ähren.

L spricht:
Wir sehen in der Mitte Körner,
Weizenkörner,
Früchte der Erde, aus diesen Ähren gewonnen.

Jede und jeder von uns sollte sich in Stille
eines dieser kleinen Weizenkörner aus der Schale nehmen
und es auf die Hand legen.

L reicht die Schale mit den Körnern im Kreis herum. Wenn alle ein Korn in der Hand liegen haben, spricht L weiter:
Wir wiegen das kleine Korn in der Hand.
Es ist kaum spürbar.

Wir tasten es ab mit einem Finger der anderen Hand,
behutsam, damit es nicht herunterfällt.
Das kleine Korn ist hart und hat eine raue Schale.

Wie kann aus einem so winzigen Etwas,
das hart und tot in unserer Hand liegt,
Leben wachsen,
das Millionen von Menschen auf der ganzen Welt ernährt?

Und doch ist es wahr:
Diese Körner bergen Leben für viele.
Sie wachsen und reifen und bringen Frucht,
die Brot wird, Nahrung für viele.
Behutsam wollen wir das kleine Korn wieder in die Schale zurücklegen.

L reicht die Schale wieder herum, und alle TN legen ihr Korn zurück.

Elsbeth Bihler

Trauben und Wein

Alle TN sitzen im Kreis. In der Mitte liegen Weintrauben und steht eine Karaffe funkelnder Wein, vor allen TN steht jeweils ein kleines Glas.

L spricht:
Wir sehen die Weintrauben in unserer Mitte.
Während wir sie betrachten,
läuft uns vielleicht schon das Wasser im Mund zusammen.

Wir ahnen den Geschmack der Trauben voraus:
ihre Süße,
ihre Saftigkeit,
ihre Fruchtigkeit.

Wir sehen die Trauben.
Wir denken daran, wie viel Sonne und Regen sie gebraucht haben,
um zu wachsen und zu reifen.

Wir reichen die Trauben herum.
Alle pflücken eine Traube und essen sie.
Dabei schließen wir die Augen, um sie ganz genießen zu können.

Die Trauben werden herumgereicht.

Wir öffnen die Augen und schauen auf den Wein.
Er funkelt in der Karaffe.
Wie viel Zeit der Gärung und der Läuterung bedurfte er,
um so strahlend vor uns zu stehen.

Wenn wir den Wein sehen,
denken wir an Feiern und Feste.

Wir reichen die Karaffe herum
und gießen einen Schluck Wein in unser Glas.

Die Karaffe wird herumgereicht.

Trauben und Wein brauchen lange,
um klar und reif zu werden.
So sind sie ein Gleichnis für unser Leben.

Elsbeth Bihler

Aus: Elsbeth Bihler, Symbole des Lebens – Symbole des Glaubens. Band 3: Stein – Kreis/Mitte, Werkbuch für Religionsunterricht und Katechese, Lahn-Verlag, Limburg 1995.

M 7 Der Wert eines Brotes
Ein zentrales Problem bei der Arbeit gerade mit diesen Symbolen ist, dass uns überfütterten Wohlstandsbürgern die Erfahrung der vitalen Bedeutung der Grundnahrungsmittel abhanden gekommen ist. Allenfalls eine Fastenübung (»Wüstentag«) kann hier ansatzweise eine gewisse Erlebnisdimension erschließen. Aber auch anschauliche Texte haben ihren Wert – der hier skizzierte »Test« macht das geographische und damit wirtschaftliche Gefälle »in Sachen Brot« deutlich.
Erarbeitungsvorschlag: Den Text mit einem übersichtlichen Tafelanschrieb erschließen, anschließend Gespräch über die unterschiedlichen Reaktionen der Menschen auf das angebotene Brot und die Gründe dafür.

Test: Arbeiten für Brot		
Test-Ort:	Reaktionen:	Hintergründe:
– Hamburg	– wird ausgelacht	– ...
– New York	– wird verhaftet	– ...
– Nigeria	– mehrere wollen arbeiten	– ...
– Neu Delhi	– Hunderte wollen einen ganzen Tag arbeiten	– ...

Im Sinn des kreativen Umgangs mit dem Text könnten die Schüler zu jedem der vier »Fälle« einen passenden Zeitungsbericht schreiben; oder: Der englische Journalist schreibt einen persönlichen Brief, in dem das gesamte Geschehen dargestellt und von ihm bewertet wird.

M 8 – M 13
Die Karikaturen thematisieren – mit je verschiedenen Akzentsetzungen – den Problemkreis: Brot – Unterernährung – Überernährung. Mit ihnen (*M 8 – M 10*) wird das »Herz« der Schüler angesprochen, *M 11 – M 12* liefern erschließende Fakten und Hintergründe, die stärker den »Kopf« miteinbeziehen. In *M 13* werden zudem Handlungsimpulse gegeben, die abrundend auch die »Hand« der Schüler motivieren sollen. Insofern ergänzen sich diese Medien gegenseitig, um den Schülern den Themenkreis ganzheitlich erschließen.
Zu den Medien im einzelnen:

M 8: Hier geht der Anstoß schon in den Bereich des Schuldzusammenhangs zwischen Erster und Dritter Welt. Das Tischtuch oder die große Serviette ist – wohl aus Scham und schlechtem Gewissen – über einen Teil des Erdballs gedeckt. Der Essende wirkt – trotz des üppig gedeckten Tisches – unzufrieden: Geht ihm der Schuldzusammenhang doch bewusst oder unbewusst zu Herzen? Die Schüler könnten einen passenden inneren Monolog des Essenden erfinden.

M 9: Ein Bild des Dadaisten George Grosz (1893–1959), der für die beißende Sozialkritik in seinen Karikaturen besonders gegen die Missstände der Weimarer Zeit bekannt wurde. Dem Zeichner ist die Thematik »Erste – Dritte Welt« zu dieser Zeit wohl noch nicht bewusst, dennoch übermittelt das Bild die deutliche Botschaft, dass die Gier des »Fressens« für sich selbst und die anderen todbringend ist. Der soziale »Kälte-Tod« ist bereits eingetreten, der Mensch ist vereinsamt und »auf den Hund gekommen«, der reale Tod (Gerippe; sich überfressen) wartet schon in der Tür, die Zeit (schiefe Uhr!) ist abgelaufen – individuell, aber auch sicher für ein System, das sich durch Egoismus selbst zerstört.

M 10: In dieser Karikatur wird deutlich, dass trotz (vielleicht: gerade wegen!) fortgeschrittener Technik das Hungerprobelm bis heute nicht gelöst ist. Die Schattenseite (Schattenwurf des Hungernden) ist die dunkle Kehrseite des unreflektierten Fortschritts. Gerade angesichts der ungeheuren technischen Anstrengungen und Kosten klagt uns der nicht zwingend notwendige (siehe *M 9*) Hunger besonders an. Psychologen vertreten die These: Weltraumfahrt ist Flucht ins Überdimensionale angesichts ungelöster elementarer Problem »im eigenen Haus«. Die Schüler könnten einen passenden Dialog zwischen dem Astronauten und seinem Schatten erfinden.

M 11: Der vorangehende Text hat einen analytischen Ansatz, hier werden Hintergründe eher lyrisch formuliert. Folgende Aspekte werden für Hunger und Unterentwicklung benannt (Tafelanschrieb):

- Nahrungsmittel der Armen als Mastfutter für den Fleischkonsum der Reichen
- Zweckentfremdung fruchtbarer Böden für saisonuntypische Luxusgüter
- Raubbau und Umweltverschmutzung durch gedankenlose technische Produktion
- strukturell bedingter Geldmangel
- fehlende Bereitschaft zum Teilen

M 12: Im ersten Teil des Textes ist die – wissenschaftlich gestützte und anerkannte – These der Misereor-Fastenaktion aus dem Jahre 1997 zu unserem Themenkreis exponiert; diese These wird sicherlich noch für einige Jahre die Diskussion bestimmen. Der zweite Teil nennt Gründe für Hunger und Unterentwickung; gegebenenfalls kann der Lehrer einzelne Aspekte durch Beispiele erläutern.

M 13: Hier wird versucht, auf die oft gehörte und völlig berechtigte Schülerfrage: »Und was können wir tun?« einige Antworten zu geben. Die Arbeit des Religionsunterrichts sollte nicht mit einer deprimierenden Diagnose enden, sondern aus der Analyse heraus sollten wegweisende Fingerzeige für ein Handeln gegeben werden, mit dem Schüler einzeln, gemeinsam und mit der Kirche Wirklichkeit positiv verändern können. Der erste Teil der Hinweise ist eher kognitiv orientiert, der zweite versucht Handlungsimpulse zu geben; beides muss sich ergänzen und durchdringen.

Vom eucharistischen Mahl (M 14 – M 19)

Das Misereor-Hungertuch »Hoffnung den Ausgegrenzten« von Sieger Köder hat die Form eines Triptychons: Um das zentrale Bild des Gekreuzigten gruppieren sich vier Tafeln: eine zur Arche Noah, eine zweite zur tanzenden Mirjam, eine dritte zur Heilungsgeschichte am Betesda-Teich und schließlich die Mahl-Szene, die wir als *M 14* sehen. An diesem Bild wird der den Sättigungscharakter transzendierende Charakter unserer Symbole anschaulich. Am Tisch sitzen Vertreter verschiedenster Rassen, Nationen und Hautfarben, Männer, Frauen, Kinder mit unterschiedlichsten Vorgeschichten. Ursprünglich haben sie eigentlich wenig gemeinsam, aber nun sind sie alle geladen, weil einer da ist, der Brot und Wein mit ihnen teilt. Letztlich gibt er sich selbst hin – die durchbohrten Hände verweisen auf das Karfreitagsopfer, das jetzt nachösterlich fruchtbar wird. Neben dem Brotbrechen erkennt man ihn an der Spiegelung seines Antlitzes im Wein. Und dies wiederholt sich vergegenwärtigend in der Eucharistiefeier – an jedem Sonntag wird ja Ostern gefeiert. Meditative Gesprächsimpulse geben die Bildbetrachtungen (*M 15a – M 15f*) zu den einzelnen Bildabschnitten, die wie folgt im Mahlbild des Hungertuchs gelagert sind:

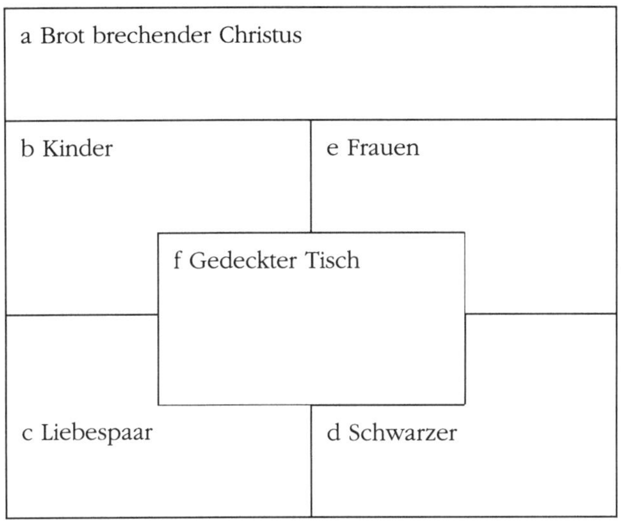

Vor der Besprechung der einzelnen Motivgruppen sollten jedoch die Grundelemente des Bilds von den Schülern selbst erschlossen werden. Folgende Arbeitsanweisungen können dazu beitragen:

- Welche Menschen sitzen am Tisch?
- Was tun die Menschen (miteinander), wohin schauen sie?
- Von einer Person bekommen wir nur die wundmalgezeichneten Hände zu sehen: Wer ist dies, warum ist er gerade so dargestellt? Lässt er sich auch in einem anderen Bildelement erkennen?
- Welchen Gesamteindruck macht das Bild auf dich, welche Botschaft will es wohl vermitteln?

In kreativen Lerngruppen ließe sich noch zweierlei realisieren:

- Auf separatem Papier oder am Rand des Bildes mit Sprechblase festhalten: Was erzählt diese Person von ihrem Leben, wie fühlt sie sich jetzt in der Mahlrunde?
- Das Mahlbild anhand einzelner Personen weiterschreiben: Was hat sich in ihrem Leben verändert, wie könnte es weitergehen?

M 16: Dieser Liedtext Zenettis ist soteriologisch formuliert, also eher für ältere Schüler der Sekundarstufe I geeignet. Der christozentrische Dreh- und Angelpunkt tritt deutlich zutage, ebenso der Aufruf zur Nachfolge. Das Lied ist eine gute Ergänzung zu den Medien *M 17* (Kokoschka) und *M 19* (Papst-Zitat).

M 17: Hier handelt es sich um ein Plakat, das der österreichische Expressionist Oskar Kokoschka (1886–1980) 1945 fünftausendmal in den Londoner U-Bahnhöfen anbringen ließ – eine zeitbezogene (siehe Inschrift auf dem Querbalken) Illustration zum johanneischen »Ich bin das Brot des Lebens« (siehe *M 5*). Ein Kokoschka kann sich die »künstlerische Freiheit« leisten, in diesem realistischen Sinn Jesus als sich zur Speise Hingebenden zu malen. Im Religionsunterricht muss die künstlerische Symbolik »übersetzt« werden, etwa mit folgenden Grundfragen:

- Mit welcher Geste ist der Gekreuzigte dargestellt?
- Welche Aussage will der Maler treffen, besonders auf dem Hintergrund der damaligen Zeit (Text auf dem Querbalken)?
- Was könnte es konkret bedeuten: »Für andere eine Speise sein«?

M 19: Das Papst-Zitat ergänzt sich gut mit dem Kokoschka-Bild. Es stammt aus einer Predigt über den Zusammenhang von Ungerechtigkeit und Hunger in der Welt, die der Heilige Vater 1997 in Breslau vor über 100.000 Menschen hielt. Er besuchte dort auch die neu errichtete Maximilian-Kolbe-Kirche. Kolbe (1894–1941) sollte als lebendiges Beispiel für das Sich-zur-Speise-Machen miteingebracht werden: Pater Kolbe ging 1941 im KZ Auschwitz freiwillig – als Stellvertreter der Liebe Christi gerade in der Hölle des Konzentrationslagers – für einen Familienvater in den Tod. Das deutsch-polnische »Maximilian-Kolbe-Werk« kümmert sich heute noch im Dienst der Versöhnung um ehemalige KZ-Opfer und deren Familien!

M 20
Lösungen:

1	LEBENS**S**MITTEL → L E B E N **S** M I T T E L
2	E U C H **A** R I S T I E
3	W I **N** Z E R
4	H **U** N G E R
5	S P E N **D** E N
6	A F R I **K** A
7	K O M M U **N** I O N
8	S E **G** E N
9	**G** R U E N D O N N E R S T A G
10	T R **A** U B E N
11	H E U T E

D A N K S A G U N G

4. Symbolkreis: Wasser/Schiff

Zur Orientierung

Die Symbole Wasser und Schiff bilden naturgemäß eine Einheit. Zunächst ist Wasser genuin mit dem Leben auf unserem Planeten verbunden, es ist die Lebenssubstanz schlechthin. In diesem Konvergenzpunkt kommen unzählige Schöpfungsmythen und die modernen Naturwissenschaften überein. Dem Wasser wohnt jedoch ursächlich eine Ambivalenz inne: Es hat Leben spendenden und bedrohenden Charakter zugleich. Dies spiegelt sich in zahlreichen biblischen Bildern vom Wasser wider: in den Geschichten von der Sintflut etwa, im Exodus durch das Schilfmeer, im Buch Jona, auch in vielen Wassergeschichten des Neuen Testaments und schließlich im sakramentalen Gipfelpunkt der christlichen Wassersymbolik: in der Taufe als Untertauchen und Neugeboren-Werden im heiligen Wasser der Osternacht.
Die Ambivalenz (Tod/Leben) des Wasser findet sich konsequenterweise auch in dem Symbol, mit dem der Mensch seit Urzeiten auf die Erfahrung des Wasser antwortet: Das Schiff ist stets gefährdet/gefährdend und rettend zugleich. So wurde es schon früh zum Symbol für das menschliche Leben schlechthin, für die menschliche Lebensweise und auch für den letzten Weg des Menschen: für den erhofften Übergang vom Tod zu ewigem Leben. Exemplarisch stehen hierfür die Arche im Alten Testament und das Schiff der Kirche im Neuen Testament, dem, weil es das todüberwindende Kreuz Christi als Mastbaum hat, der Sieg über alles Lebenswidrige verheißen ist. Somit machen die Symbole Wasser und Schiff so etwas wie eine Kurzformel des christlichen Glaubens aus: Im Wasser spiegelt sich die Todesverfallenheit menschlicher Existenz und die Hoffnung auf Überwindung der Endlichkeit wider, im Schiff steht uns die Hoffnungsgemeinschaft der Kirche anschaulich vor Augen, die eine Fahrt in den rettenden Hafen verspricht.

Zugänge (M 1 – M 3)

M 2 Wassergeschichten
Als lebensweltliche Verortung des Wasser-Themas, bevor die Symbolqualität mit der religiösen Dimension erschlossen wird, sollte die Ambivalenz von Wasser (lebensnotwendig und -gefährlich) deutlich werden. Traditionell geschieht dies mit Wasser-Bildern, die einerseits die positive Rolle des Wassers (Durstiger trinkt an Quelle, Reisterrassen, ...) und andererseits die negative Seite (Sturm bedroht Hafen, gescheitertes Schiff, Überschwemmung, ...) darstellen, dies jedoch oft zu eindeutig und platt. Kreativer erscheint die hier gewählte Methode, mit ein und demselben Bild verschiedene Perspektiven eines Phänomens von den Schülern entwerfen zu lassen. Einige Aspekte lassen sich auch gut in einem Rollenspiel vortragen.

Der Mensch lebt von Wasser (M 4 – M 6)

M 4 Das Wasser lehrt uns, wie wir leben sollen
Hier werden grundlegende Qualitäten von Wasser deutlich. Schüler werden dadurch besser verstehen, warum auf diesem Hintergrund Wasser eine zentrale symbolische Bedeutung im Christentum und auch in anderen Weltreligionen bekommen hat. Die im Text exponierte »lehrreiche« Bedeutung des Wassers lässt sich übersichtlich in einem Tafelbild sammeln.

M 5 Über Wasser nachdenken ...
Besonders bei jüngeren Schülern empfiehlt sich diese Vorgehensweise, um gewissermaßen eine natürliche Phänomenologie des Wassers zu erstellen.

M 6 Wasser: Zahlen, Fakten, Statistiken
Diese Zusammenstellung ist zunächst einmal nützlich im Sinn der Wissenserweiterung zum Thema Wasser. Interessanter wird es dann, wenn einzelne Absätze miteinander in Verbindung gebracht werden, z. B.:

Was folgt aus dem Zusammenhang zwischen den beiden ersten Abschnitten? Oder: Was folgt aus dem Vergleich zwischen unseren und anderen Regionen in puncto Wasser(-verbrauch)?

Wasser in anderen Lebens- und Kulturkreisen (M 7 – M 11)

Hier wird versucht, kindgerecht (etwa Klassen 5/6) die lebensnotwendige und zugleich traditionell symbolisch aufgeladene Bedeutung von Wasser in den Lebens- und Kulturkreisen Europa, Naher Osten, Asien und Amerika zur Sprache zu bringen. Als Einstieg Beginn mit dem Eigenen (*M 7*), dann sollen die nachfolgenden Erfahrungswelten zunächst geographisch mit einer Weltkarte verortet werden. Das weitere könnte mit folgendem Tafelbild erarbeitet werden:

Lebens-/ Kulturkreis	Warum Wasser hier lebensnotwendig ist	Religiöse Bedeutung von Wasser
Naher Osten (»Izzet«) Asien (»Sanjay«) Amerika (»Harka«)		

M 9: Dass Wasser in der moslemisch-arabischen Welt zentrale Bedeutung hat, liegt allein schon aufgrund der geographisch-klimatischen Lage auf der Hand. Es ist eine Gottesgabe, die alles Seiende erst ins Leben ruft. Im Koran wird Allah oftmals mit Wasser in Verbindung gebracht – als Meer/Ozean, der unauslotbare Tiefe hat, als Regen, der die tote Erde belebt. Visionen des Paradieses im Koran spielen gewöhnlich in kühlen, wasserreichen Oasen. Vor allen wichtigen Geschehnissen reinigt sich der Moslem – Wasser reinigt äußerlich, aber auch innerlich die Herzen.

M 10: Die Abbildung mit den um den Kailas entspringenden Hauptflüssen Asiens könnte etwa so aussehen:

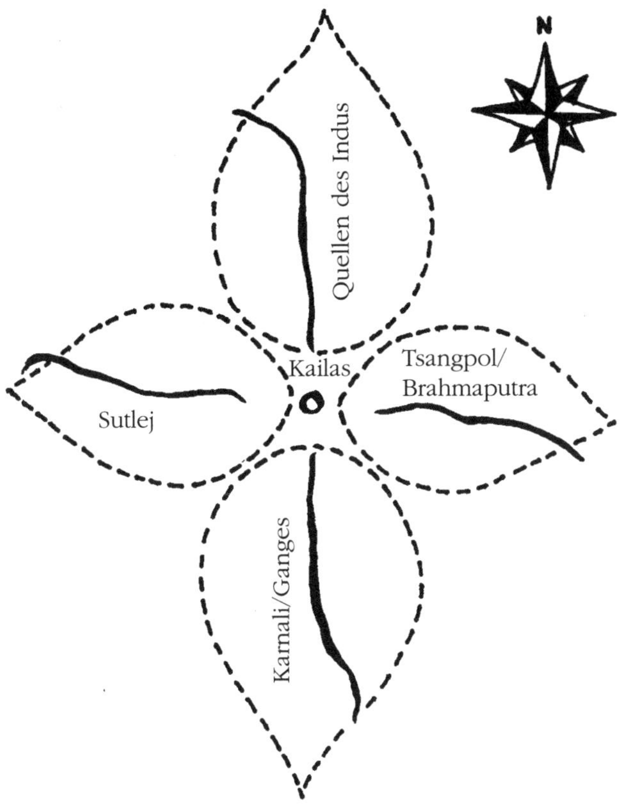

Um die 6714 m hohe, völlig symmetrische Eispyramide (tibet. Name; »Schneejuwel«) entspringen die vier Hauptflüsse Indiens: der Indus nach Norden, der Brahmaputra nach Osten, der Karnali – der Hauptquellfluss des Ganges – nach Süden, der Sutlej nach Westen. Die Flüsse bilden die Speichen eines großen Rades, in dessen Zentrum – als »Nabel der Welt« – der Kailas steht. Für die meisten Menschen dieser Region – für Hindus, Buddhisten, Bönpos, Dschainas und andere Religionsgemeinschaften – ist er das Zentrum der Welt, zu dem schon seit über 2000 Jahren Abermillionen von Pilgern über die unwirtlichen Hochebenen Westtibets wandern. Neben dem Symbolbild des Rades wird dieses Szenarium oft mit einer Lotusblüte (siehe Abbildung) verglichen. Insgesamt bildet dieser geographische Raum das Urbild des Mandala – als Meditationsbild, aber auch als Urbild der asiatischen Tempelformen.

M 11: Seit Ende der 70er Jahre wird die Rede des Häuptlings Seattle in der ganzen Welt als ökologisches Manifest verbreitet. Freilich muss dazu gesagt werden, dass man seit einigen Jahren genau weiß, dass es sich nicht um die authentische Rede eines Indianers handelt. Es war der weiße US-Amerikaner Ted Perry, der zu Beginn der 70er Jahre diesen Text schrieb. Auftraggeber war die »Southern Baptist Convention«, die einen Film zum Thema Umweltverschmutzung drehte und noch einen Begleittext suchte. Gleichwohl basieren die Textaussagen indirekt auf einem historischen Ereignis: In den 50er Jahren des vorigen Jahrhunderts verkaufte der Häuptling der Duwamish im Nordwesten der USA Land an die Weißen und hielt aus diesem Anlass eine Rede, die jedoch nur in Umrissen durch die Tagebuchaufzeichnungen des Arztes Dr. Smith aus Seattle erhalten blieb. So gibt es zumindest doch eine gewisse historische Basis für die Rede, vor allem atmet sie – wenn auch die »Redaktionskritik« vieles relativiert – den Geist des indianischen Naturverständnisses, soweit wir es kennen.

Wasser des Todes – Wasser des Lebens: Wasser-Bilder zur Bibel (M 12 – M 17)

M 12 Noah und die Sintflut
Die Arche ist eine Bildmotivik, die in der frühchristlichen Zeit sehr häufig verwendet wurde. Schon in den neutestamentlichen Schriften wird sie in verschiedener Hinsicht in Analogie gesetzt zu (Tafelanschrieb):

- der Taufe als Rettung aus dem Sünden-Tod,
- der Erlösungstat Christi insgesamt,
- der Kirche als Schiff, das in den Stürmen des Lebens zum sicheren Hafen führt.

Die biblische Theologie hebt darauf ab, dass sich in der Sintflutgeschichte das große Ja Gottes zum Bestand seiner Schöpfung findet; der ganzen Schöpfung wird neues Leben eröffnet, ein neuer Weltäon setzt ein.
Im Sinne einer Bildanalyse könnten im Unterricht folgende Elemente herausgearbeitet werden:

- Zustand des Wassers: Die Flut ist noch nicht ganz zurückgetreten, aber die sanften Wellenbewegungen verraten den Umschwung zum Besseren,
- Himmel: nicht mehr bedrohlich (ganz bedeckt), sondern im Aufklaren begriffen.
- Bewegungsrichtung Noahs: aus der Enge (Gefangenschaft) des Kastens heraus ins Freie (Freiheit).
- Handgebärde: zärtlich zur Taube, zugleich betende Geste.
- Ölzweig: Form des Kreuzes, Bezug zur Erlösungstat Jesu Christi.
- Dies unterstützt die Sonne (Auferstehungs-Symbol), die durch die geschickte Wahl der Holzmaserung gebildet wird: Treue des Schöpfergottes zu seiner Kreatur, end-gültig besiegelt in Jesus Christus.

M 13: Die tanzende Mirjam
Im Mirjam-Teil des Hungertuchs des Jahres 1996, geschaffen von Sieger Köder, steht zentral die Prophetin, die zum Ton der Pauke aus Freude über die Errettung aus den lebensbedrohenden Wassermassen tanzt. Sie feiert das Urdatum biblischer Gotteserfahrung: Befreiung durch den rettenden Gott des Exodus. Folgende Bildelemente könnten aktualisierend hervorgehoben werden:

- Mirjam feiert die Errettungstat: schwebende Leichtigkeit des Tanzes,
- Gasse durchs Wasser,
- Wassermassen gehen in (durchbrochene!) Mauern über, dazu: Stacheldraht (Reminiszenz an den Fall der Berliner Mauer?).

Hinweise zur vertiefenden Arbeit:

- Wo sind heute Mauern und Stacheldraht (real und in unseren Köpfen)?
- Wo wurden sie erfolgreich überwunden?
- Was können wir dazu beitragen?
  (Anschaulich eventuell mit einer Collage aus aktuellen Zeitungsberichten und -bildern darstellen.)

Musische Vertiefung: *M 14* erzählt die Durchzugsgeschichte anschaulich; zentrale Begriff (eventuell Tafel) antithetisch:

– Wellen – dunkle Nacht – mitten durchs Meer	– Freiheit – Vertrauen – Weg der Hoffnung

M 15 Zwischen Sintflut und Regenbogen: Bilder von der Arche – zeitgenössisch
Die drei aktualisierenden Karikaturen bieten die Möglichkeit, die Geschichte von der Arche – unter jeweils verschiedenen Akzentsetzungen – in die Gegenwart zu übersetzen. Besonders interessant – für Schüler der Klassen 5 bis 8 – ist der Einbezug der Tierwelt, um einer rein anthropozentrischen Engführung des Schöpfungsthemas entgegenzusteuern.

M 16 – M 18: Die Jona-Thematik
Bildmotive, die sich um die Jona-Geschichte gruppieren, zählen zu den ältesten und bevorzugtesten Themen der frühchristlichen Kunst, besonders in den Katakomben und in der Sepulkralkunst. Entscheidend ist hier der Vergleich, den der neutestamentliche Jesus selbst gibt; so heißt es bei Lukas: »Denn wie Jona für die Einwohner von Ninive ein Zeichen war, so wird es auch der Menschensohn für diese Generation sein« (Lk 11,30), und bei Matthäus heißt es konkretisierend und übersteigernd: »Denn wie Jona drei Tage und drei Nächte im Bauch des Fisches war, so wird auch der Menschensohn drei Tage und drei Nächte im Innern der Erde sein ... Hier ist aber einer, der mehr ist als Jona« (Mt 12,40f.). Jona wird also als das typologische Vorbild der Todes und der Auferstehung Jesu und ganz allgemein als Vorbild der Errettung des todgeweihten Menschen überhaupt betrachtet.
Zu den einzelnen Bildern:

M 16 Jona – Vorbild der Auferstehung
Es handelt sich hier um Bildelemente aus einer mittelalterlichen »Armenbibel« aus dem süddeutschen Raum, die die analogen Bezüge zwischen dem alttestamentlichen und neutestamentlichen Geschehen deutlich machen. Die Elementarität der Bildmotive lässt dieses Medium besonders für die jüngeren Jahrgangsstufen geeignet erscheinen; ebenso für die Bibelarbeit mit den oben schon genannten Textpassagen Lk 11,30; Mt 12,40f.

M 17 Jona-Sarkophag
Oben wurden bereits gesagt: Motive des Jona-Komplexes wurden in den Katakomben und in der Sepulkralkunst früh verwandt; beiden gemeinsam ist als »Sitz im Leben« die Begräbnissituation und die Hoffnung auf Auferstehung: Topoi, die genuin zur Jona-Thematik gehören. Die Herstellung des Sarkophages ging etwa so vor sich: Eine christliche Trauerfamilie kommt zu einer Bildhauer-Werkstatt, um für die Bestattung den Steinsarg mit entsprechenden Motiven zu bestellen. Dafür gab es in den Werkstätten standardisierte Musterbücher, die zu dieser frühen Zeit noch stark von antik-heidnischen Motiven dominiert waren. Man wählt daraus Bildelemente, die mit den christlichen Glaubensgehalten nicht oder nur wenig kollidieren und streut gewissermaßen (mit der Zeit zunehmend) genuin biblische Szenen ein. Zur ersten Gruppe von Motiven gehört auf dem Sarkophag das gesamt maritime und bukolische »Setting« (Windgötter blasen ins Segel, Angler vor seiner Hütte, Hirten, amouröse Szene mit schattenspendender Pflanze), das auch schon in heidnischem Verständnishorizont eine Frieden versprechende Ewigkeitsvorstellung signalisierte. In dieses Arrangement wird nun die biblische Jona-Geschichte »eingetragen«, die das spezifisch Christliche der Unersterblichkeitshoffnung betont. Der das Lamm tragende Hirt erscheint dann neben seiner antiken zugleich und vor allem in biblischer Lesart als der »gute Hirt«: Jesus Christus.

Alternativ (statt Sarkophag/Todesproblematik):
M 18 Jona-Motiv im Zusammenhang mit der Taufe.

Taufe – wiedergeboren aus dem Wasser zu ewigem Leben (M 18 – M 22)

M 19 »Mich dürstet nach reinem Wasser«
Litzenburgers Schrei der gekreuzigten Kreatur nach »reinem Wasser« verbindet Christologie, Staurologie und Schöpfungstheologie. Zwei Bildebenen werden vom Zeichner in eins gesetzt: die Ebene der Christologie mit der deutlichen Kreuzigungsthematik zum einen, die Kreuzform der Gesamtgestalt der Bildmitte zum anderen (auf den zweiten Blick erkenntlich das dornengekrönte Haupt Jesu unter dem Fischkopf). Die Arme des Gekreuzigten kommen mit den Flossen eines Fisches überein, ebenso die senkrechte Struktur des Körpers mit Wirbelsäule bzw. Knochengerüst des Fisches. Aber nicht nur von der äußerlichen Anatomie her sind Christologie und Schöpfungstheologie parallelisiert: beide – Fisch und Jesus – befinden sich auch substantiell außerhalb der Leben spendenden Elemente und sind todgeweiht, und deshalb schreien auch beide unisono nach »reinem Wasser«. Am Boden buchstäblich das (vorläufige) Ende dieses Prozesses: verendende Fische.
Die Gleichung Jesus = Fisch dürfte den Schülern bekannt sein; wenn nicht, kann sie anlässlich des Bilds wiederholt oder eingeführt werden (Tafelanschrieb). Die Anfangsbuchstaben des griechischen Wortes für »Fisch« ergeben eine Kurzformel des Glaubens:

I	=	J	=	Jesus
X	=	Ch	=	Christus
Θ	=	Th	=	Theu = Gottes
Y	=	Y	=	Hyios = Sohn
Σ	=	S	=	Soter = Erlöser

Litzenburgers Bild liefert also einen wichtigen Beitrag dazu, die Schöpfungsthematik nicht anthropozentrisch zu verengen, sondern auch die nicht menschliche Kreatur in das Erlösungswerk miteinzubeziehen. Bei diesem ökologischen Aufschrei über die gekreuzigte Kreatur ist immer mitzubedenken: Wir sind es, die diese Kreatur kreuzigen! Die gesamte Schöpfung harrt auf ein Ostern! Dazu als biblische Vertiefung der Paulus-Text: Röm 8,18–25.

M 20: Wie kann Wasser solch große Dinge tun?
Luthers Text widerspricht in dankenswerter Klarheit einem magischen Sakramentenverständnis: Das Grundwesen des Sakraments ist stets das Wort Gottes; die »Materie« (hier: das Wasser), die Sakramentenspendung hat die Funktion, das sakramentale Wort zu veranschaulichen. Antwort auf das göttliche Wort ist der Glaube des Menschen. Taufe hat den Charakter von Wiedergeburt.

Luthers Text sollte Anlass sein, falls dies noch nicht geschehen ist, die entscheidenden Passagen des Titusbriefs zu lesen (Tit 3,4ff.). Gemeinsam sollte überlegt werden, was es konkret heißen könnte, dass der Getaufte »erneuert« wird. Welche Aufgabe hat dabei die Gemeinde vor Ort? Was bedeutet dies für die »Hoffung auf ewiges Leben«?

M 21: Tauf-Puzzle
Im Tauf-Puzzle können spielerisch die symbolischen Einzelelemente des Taufritus erläutert und eingeprägt werden. Die richtigen Nummern für die vertauschten Puzzleteile, wie sie im Arbeitsblatt vorliegen, sind:

- 6 (»Ohren öffnen«)
- 8 (»Vorbild«)
- 5 (»Licht«)
- 7 (»Ostern«)
- 9 (»Ewiges Leben«)
- 1 (»Begraben/auferstehen«)
- 4 (»Kleid anziehen«)
- 3 (»Salbe«)
- 2 (»Vater, Sohn, Geist«)

M 22

Strophe	Fähigkeit, die das Kind erlernen soll	Entsprechendes Organ
1	sehen ... Mitmenschen, Schöpfung, Land der Verheißung	Augen
2	hören ... eigener Name, Wahrheit, Weisheit, Liebe, Wort der Verheißung	Ohren
3	greifen ... Freunde, Maschinen, Brot, Land der Verheißung	Hände
4	reden ... Freuden, Sorgen, Fragen, Wunder, Wort der Verheißung	Lippen (Mund)
5	gehen ... Straßen – Treppen, Wege des Friedens, Land der Verheißung	Füsse
6	lieben ...	Herz

M 23
Lösungen:

Zusätzlich zu dem im vorderen Materialteil Präsentierten empfehlen wir noch folgende Aktionen:

Wasserbild malen

Material:
Wasserfarben, saugfähiges Papier, Haarpinsel, ein Tröpfchen mit Wasser

Methode:
Mit Wasserfarben werden frei improvisiert kräftige farbliche Kompositionen auf das saugfähige Papier gemalt. Dann werden dicke Haarpinsel in Wasser getaucht und über das Bild gehalten, so dass Wassertropfen darauf fallen, die Farben verwischen, die Tropfen sich ausbreiten und unterschiedlichste Formen bilden. Bei großflächigem Papier ist es auch reizvoll, die Pinsel mit Wasser über dem farbigen Bild auszuschlagen, so dass sich mehrere Tropfen in einer bestimmten Richtung auf dem Bild verteilen.

Collage: Wasser

Material:
Ein großer Bogen Papier, Zeitungausschnitte/Bilder, die mit Wasser zu tun haben, Klebstoff, Scheren

Methode:
Nach Überlegungen, wie sehr wir Menschen vom Wasser abhängig sind, wie wichtig es ist, ob Wasser verschmutzt oder sauber ist, werden Bilder und Texte ausgesucht, die den Inhalt des Gesprächs wiedergeben, Gegensätze aufzeigen ...
Diese Bilder werden auf einen großen Bogen Papier gelegt und so angeordnet, dass ein schönes, sinnvolles Gesamtbild entsteht.

Wasser fotografieren

Material:
Fotoapparat, Filme, evtl. verschiedende Objektive und Linsen

Methode:
Den verschiedenen Erscheinungsformen des Wassers vom Tropfen bis zum Meer nachspüren und versuchen sie fotografisch festzuhalten.

Einen »Durstag« einlegen

Einen Tag weniger trinken und spüren, was »Durst« bedeutet. Dann, zum Durstlöschen, klares Wasser trinken.

Stilleübung: Der Weg des Wassers

L spricht:
Wir schließen die Augen.

Wir sehen einen Strauch, an dem kleine Wassertropfen hängen.
Ein Tropfen ist besonders schön.
Er funkelt in der Sonne.
Wie ein Kristall sieht er aus.

Jetzt fällt er auf die Erde.
Mit ihm fallen viele Tropfen zur Erde.
Sie sammeln sich und werden zu einer Quelle.

Die Quelle sprudelt aus der Erde.
Sie wird zu einem springenden, fließenden Bach.

Der Bach mündet in einen Fluss.
Er wird aus vielen Quellen gespeist.
Der Fluss fließt träge dahin.
Die Sonnenstrahlen glitzern auf ihm.

An einer anderen Stelle beginnt der Fluss zu strömen.
Er wird wild und reißend.
Er springt über Steine und Felsbrocken.
Immer noch kommen andere Bäche und Flüsse hinzu.

Der Fluss wird breiter und breiter.
Er mündet in das große Meer.

Unser Leben gleicht dem Weg des Wassers.
Es beginnt wie ein kleiner Tropfen.
Es fließt immer weiter.

Manchmal ist es ruhig, manchmal wild und schäumend.

Manchmal ist es klar und rein.

Manchmal ist es trübe und schmutzig.

Aber es fließt immer weiter.
Es fließt, bis es an sein Ziel kommt.
Was ist unser Ziel?
Wohin fließen wir?

Elsbeth Bihler

Aus: Elsbeth Bihler, Symbole des Lebens – Symbole des Glaubens. Band 2: Wasser – Kreuz, Werkbuch für Religionsunterricht und Katechese, Lahn-Verlag, Limburg 1994.

Schiff des Lebens – Schiff der Kirche (M 24 – M 28)

M 24 Odysseus am Mastbaum
Schon sehr früh sieht man auf christlichen Sarkophagen und Grabplatten ein Motiv, das auf den ersten Blick ein gänzlich heidnisch-antikes Motiv zu sein scheint: der an den Mastbaum gefesselte Odysseus – gemäß dem bekannten »Sirenenabenteuers« in der Odyssee (12. Gesang). In einer kühnen An- und Umverwandlung wird dieses Bildelement von den ersten Christen zu einer Kurzformel des Glaubens umgedeutet.
Zunächst war die Seefahrt immer schon ein Symbol der Lebensreise des Menschen. Das Meer/Wasser bedeutete darin einerseits das Bedrohende, andererseits zugleich das Herausfordernde. Die christliche Mythenrezeption sah darin prinzipiell die Welt mit ihren Auf- und Abbewegungen und Versuchungen (inhaltlich oft gefüllt entweder durch die Versuchung des Sexus oder häretischer Glaubensinhalte). Sicherheit in dieser Situation bot das Schiff der Kirche; der Mastbaum wurde mit dem Kreuz verglichen, an dem entweder der gekreuzigte Christus oder der Christ schlechthin in Freiheit gebunden (Dialektik!) stand, um sich der Welt auszusetzen und sie in diesem »experimentum crucis« zu überwinden. Die Belege für diese »interpretatio cristiana« (Hugo Rahner) antiker Sybmole sind in der patristischen Literatur zahlreich. Findet sich das Motiv auf Grabplatten, wird damit die Kurzformel des Glaubens (in freier Bindung die Welt überwinden) auf die Unsterblichkeitshoffnung hin konkretisiert.
Im Mittelalter wird schließlich Christus explizit am Mastbaum (Kreuzesantenne) dargestellt (*M 25*).

M 28 Alle Christen in einem Boot
Die ekklesiologische Symbolkraft des Schiffs- und Wassermotivs sollte auch über den Tellerrand der eigenen Konfession hinweg wahrgenommen werden. Dazu kann das Piktogramm des »Ökumenischen Rates der Kirchen« (gegründet 1948), dem über 300 christliche Gemeinschaften des Westens und des Ostens angehören, dienen. Folgende Elemente des Symbols könnten gedeutet werden:

- Schiff: Symbol von Kirche
- Meer: ambivalent, einerseits Bedrohendes (»Stürme der Zeit« für die Kirche), andererseits Element der Erneuerung)
- Mastbaum: Symbol des Leidens und Sieges Christi am Kreuz
- Gesamtaussage: Alle Christen sitzen in einem Boot.

Darüber hinaus sollte noch gefragt werden:

- Welche christlichen Gemeinschaften und Kirchen kenne ich außer der eigenen?
- Welche anderen großen nichtchristlichen Weltreligionen kenne ich?
- Wo gibt es Unterschiede und Gemeinsamkeiten?

Aktualisierend könnte auf den »konziliaren Prozess« verwiesen werden und auf seine drei Arbeitsfelder, die zugleich Überlebensfragen der Menschheit darstellen: Gerechtigkeit, Frieden, Bewahrung der Schöpfung.

Als Aktualisierung im Blick auf das Politische und Gesellschaftliche im globalen Maßstab könnte eine Thematisierung des Schiff-Symbols im Zusammenhang der Flüchtlings-Problematik vorgenommen werden. Dazu eignet sich ausgezeichnet das Misereor-Hungertuch des südafrikanischen Künstlers im 1. Symbolkreis »Weg«, *M 20*. Am rechten Bildrand erkennt man unschwer mit Menschen überladene Schiffe – ein »Puzzle« für die Gesamtthematik des Hungertuchs: erzwungener »Exodus« durch Flucht und Vertreibung. Ein Blick in die Tagespresse wird (leider!) aktuelle Beispiele (in den vergangenen Jahren z. B. Kurden oder Haiti, Albanien) beibringen. Wer wird morgen davon betroffen sein?

Den gesamten Symbolkreis »Schiff« einleitend, vertiefend und abrundend sei die folgende Stilleübung empfohlen:

Zwei Segel

L spricht:
Wir Menschen sind wie Segelboote.
Wir wagen die Fahrt auf dem großen Wasser des Lebens.
Der Wind unseres Lebens schaukelt uns hin und her.

Manchmal ist der Wind sanft und leise,
wir liegen ruhig auf dem Wasser,
das klar und durchsichtig ist.
Wir erinnern uns an Momente in unserem Leben,
die dem durchsichtigen Wasser und dem sanften Wind gleichen.

Manchmal bläst der Wind stark in unsere Segel.
Wir haben eine schnelle Fahrt und kommen gut voran.

Wir erinnern uns an Momente in unserem Leben,
in denen wir voller Kraft Neues angepackt haben,
in denen Vorwärtskommen spürbar war.
Manchmal stürmt der Wind und schleudert unser Segel hin und her.
Wir drehen uns im Kreis und werden hin und her gerüttelt.
Der Sturm ängstigt uns.
Das Wasser wird zum Sog, der uns zu verschlingen droht.
Wir erinnern uns an solche stürmischen, beängstigende Situationen in unserem Leben.

Schön ist es,
wenn ein zweites Boot auf unserem Lebenswasser fährt,
wenn seine Segel im Gleichklang mit den unseren sind.

Gefährlich wird es, wenn das andere Boot uns bedrängt,
wenn es versucht uns zu übersegeln.

Menschen sind wie Segelboote.
Ob allein oder gemeinsam, die letzte Frage bleibt für uns:
Wer sitzt am Steuer?

Elsbeth Bihler

Aus: Elsbeth Bihler: Symbole des Lebens – Symbole des Glaubens. Band 2: Wasser – Kreuz, Werkbuch für Religionsunterricht und Katechese, Lahn-Verlag, Limburg 1994.

5. Symbolkreis: Stein

Zur Orientierung

Mit dem Stein verbindet sich für die meisten Menschen etwas Festes, etwas, das die Wechselfälle der Zeit und des Schicksals überdauert, das sicheres Fundament bietet. Deshalb spielt der Stein in der Symbolik des jüdisch-christlichen Gottesbilds eine zentrale Rolle; und auch im Brauchtum hat sein symbolischer Gehalt einen hohen Stellenwert. Der Grabstein etwa steht – obwohl aus traurigem Anlass gesetzt – für die Hoffnung, dass die Existenz des Menschen, ähnlich wie der Stein, die begrenzte Zeitlichkeit des Hier und Jetzt überdauern möge.
Dennoch wohnt dem Symbol – wie vielen anderen – eine deutliche Ambivalnz inne. Der Stein steht auch für Bedrohung: Er war wohl die erste Handwaffe der frühen Menschen (vgl. den archetypischen Brudermord Kains an Abel, Gen 3). Und bei der Schwere des Steins assoziieren wird sicherlich den Themenkreis Schuld und Sünde, der ja etwas Bedrückendes an sich hat.
Schließlich wird der Stein neben dem Festen, Bedrohlichen und Bedrückenden interessanterweise auch noch mit der Qualität des Lebendigen in Verbindung gebracht: Die Schrift bezeichnet Jesus als »den lebendigen Stein«, und die Gemeindemitglieder sollen als »lebendige Steine« das Haus der Kirche aufbauen und bilden (vgl. 1 Petr 2).

Zugänge (M 1 – M 4)

M 2 Ein Stein in meiner Hand ...
Der Lehrer sollte für die assoziative Einübung, vielleicht besser: Einfühlung in den Symbolkreis für jeden Schüler einen Stein mitbringen bzw. von jedem einen Stein suchen lassen (Schulhof/Umfeld der Schule). Insgesamt könnte diese Übung das für dieses Symbol wichtige Ergebnis erbringen, dass es sich um ein ambivalentes Symbol handelt. Stein steht für gegensätzliche Erfahrungen, Qualitäten und Wirklichkeiten: Stärke – Gewalt; Fundierendes – Zerstörendes; Schutz – Aggression usw.

M 3 Wenn Steine erzählen könnten ...
Brechts Text weist mit seinen Fragen auf die dunkle, zumeist unbeleuchtete Seite der Weltgeschichte hin, die viel mehr »Leidens-« als »Siegesgeschichte« (Johann Baptist Metz) ist, als die gängie Geschichtswissenschaft wahrhaben will. Immens sind die Kosten der sogenannten großen Kulturleistungen für die, »die im Dunkeln stehen« (Brecht, Dreigroschenoper). Doch beharrliches Fragen kann darauf ein Licht werfen; die Arbeitsfragen wollen dies versuchen, zunächst im Blick auf den Text Brechts, dann im eigenen Umfeld.

Niedergedrückt gehen – Aufrecht gehen (M 5 – M 8)

Das Thema Schuld ist – heute mehr denn je – ein schwieriges Thema auch für Kinder und Jugendliche. Doch im Unterschied zu vielen Erwachsenen haben jene – Gott sei Dank – sich noch nicht so viele Entschuldigungsmechanismen (»Unschuldswahn«, Johann Baptist Metz), antrainiert, die das Schuldproblem wie an einem Panzer abprallen lassen. Oft lassen sich junge Menschen noch vom Leid anderer anrühren und sind bereit, nach der Schuld an begangenem Unrecht zu fragen, auch gegebenenfalls nach der eigenen Schuld.

Im Blick auf *M 5* könnten folgende Arbeitsschritte eingeschlagen werden:

- Beschreibe die Situation der abgebildeten Menschen.
- Versuche Beispiele dafür zu fnden, wodurch Menschen heute bedrückt werden.
- Menschen werden heute nicht nur durch materielle Probleme am aufrechten Gang gehindert, sondern auch durch solche des zwischenmenschlichen Umgangs. Nenne Beispiele dafür.
- Wie könnte man von dieser Last befreit werden, wieder zum aufrechten Gang kommen?

M 6 Die Legende von den Steinen
Zum Terminus »Starez«: russ.; »ehrwürdiger Greis«, im östlichen Christentum Mönch oder Einsiedler; nach dem Volksglauben mit den Gaben des Heiligen Geistes, ja oft mit Wunderkräften ausgestattet.
Tolstois »Legende« ermöglicht einen guten Gesprächseinstieg in den Themenbereich »Schuld, Vergebung«, denn zentrale Begriff werden bereits im Text genannt: »Sünde«, »Vergebung«, »Gewissen«, »von Sünden frei werden«, »Reue«. Falls es die Atmosphäre erlaubt, persönlicher über diesen Problemkreis zu sprechen, haben sich in der Jugendarbeit folgende vier Fragerichtungen bewährt:

Ich betrachte ...
... mein *eigenes* Leben:
- Nutze ich alle meine Begabungen und Talente?
- Kann ich mich über mich selbst freuen?
- Kann ich mich beherrschen, auch einmal verzichten?
- Lebe ich gesund oder treibe ich »Raubbau« an mir selbst?

... mein Leben mit *anderen:*
- Denke ich nur an meine eigenen Interessen?
- Versuche ich konstruktiv an Freud und Leid anderer teilzunehmen?

... mein Leben in der *Schöpfung:*
- Kann ich mich an Gottes Schöpfung freuen, bin ich dankbar dafür?
- Gehe ich mit der Schöpfung achtsam um?

... mein Leben im Blick auf *Gott:*
- Nehme ich mir genug Zeit für die Begegnung mit Gott?
- Versuche ich ernsthaft seinen Willen zu tun (z. B. Zehn Gebote, Gebot der Nächstenliebe)?

M 8 Eine Kirche – aus »lebendigen Steinen«(?)
Eingangs wurde gesagt, das Stein-Symbol sei ambivalent; so hat es zugleich die Qualitäten fundierend – versteinert. Die letztere Dimension dieses Gegensatzpaares soll nun auch im Sinn der Selbstkritik auf die Kirche angewandt werden. Die Zeichnung setzt Assoziationen der Schüler frei; die beiden folgenden Arbeitsschritte fragen kritisch-konstruktiv nach Problemkreisen mit Reformbedarf in der Kirche, wie Schüler sie wahrnehmen.

Bibel: Ein Turm aus Stein – bis zum Himmel!
(M 9 – M 11)

M 9 »Stolz«
Dieses Medaillon ist Teil eines großangelegten Deckengemäldes des frühbarocken Festsaals im oberbayerischen Kloster Benediktbeuern (739 gegründet, Barock-Kleinod im »Pfaffenwinkel«, 1803 säkularisiert, seit 1930 durch die Salesianer Don Boscos wieder mit reichem Leben erfüllt). Das Rundbild bildet ein Element eines Zyklus mit einem sogenannten »Laster-Tugend-Katalog«; dargestellt werden darin:

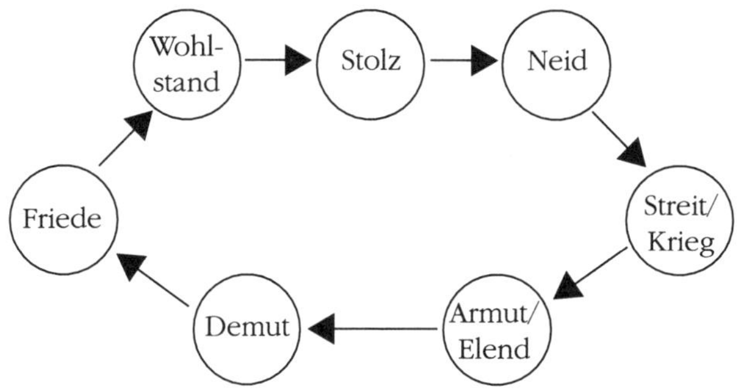

Durch diesen Zyklus soll die Lebenserfahrung vermittelt werden, dass sich die Weltgeschichte in diesem Kreislauf stets wiederholt. Positive Qualitäten und Zustände wechseln durch immanente destruktive Tendenzen zu negativen Entwicklungen. So kann zu üppiger Wohlstand zu Stolz führen, dieser zu Neid bei anderen Menschen, dies zu Streit usw. Der tendenziell pessimistische Grundzug dieses »Laster-Tugend-Katalogs« wird dadurch abgemildert, dass er in zwei weitere Zyklen eingebettet ist: zum einen in eine Bildfolge, in der die Geschöpfe den Schöpfergott lobpreisen, zum anderen in einen Zyklus mit Monatsbildern, die zeigen, wie der vernunftbegabte Mensch die Geschichte der Welt und das Verhältnis zur Natur harmonisch gestalten kann.
Nun zu den Einzelelementen des Medaillons und damit zum Arbeitsblatt *M 9*:

Bildelement	Bedeutung
Dame im Kleid: prächtig angezogen (Festkleid, Geschmeide)	Egozentrische Repräsentationssucht
Pfauenfedern (als Kopfschmuck), wie Pfauenrad	Pfau: altes Symbol von Eitelkeit und Hochmut
Spiegel wird der Dame vorgehalten	Narzismus, Selbstbespiegelung, mehr Schein als Sein
Affe hält Spiegel vor, freut sich über Aussehen der Dame.	Affe: altes Symbol des »Triebhaften« und der Versuchung, naher »Verwandter« des Menschen, zeigt Rückverwandlung des Menschen, der sich durch Laster selbst degradiert.
Figur mit Schlangen im Kopf, um den Leib, in der Hand, isst Herz	– Schlangenkopf: Anspielung auf antike Medusa (furchterregendes Wesen; wer sie sieht, versteinert!) – Schlange erinnert im christlichen Kontext an Sündenfall, Sinnbild der Verführung zum Bösen, des Teufels
Herausgeputztes Pferd, steht auf Hinterhufen.	Pferd: altes Symbol für Macht; Hochwerfen des Kopfes als Zeichen für Hochmut (Augustinus)

Besonderen Wert sollte noch auf den Einbezug des Babylonischen Turms gelegt werden, des Stein gewordenen Symbols für den destruktiven Hochmut des Menschen, der keine Grenzen anerkennen will. Abschließend kann den Schülern der gesamte Zyklus des »Tugend-Laster-Katalogs« (siehe oben) vorgetragen werden.
Diskussion: Verläuft so das Schicksal des Menschen/der Menschheit? Gibt es Möglichkeiten aus diesem Kreislauf auszubrechen? (Dazu Beispiele aus der Kirche in Geschichte und Gegenwart.)

M 10 Babylon heute
Die Fotocollage transportiert drei Zeit- und Bildebenen:
- Die älteste »Schicht«, repräsentiert durch die Personengruppe im linken Vordergrund: König Nimrod und sein Gefolge (alttestamentliche Zeit);
- dann die konkrete Ausgestaltung der Turm-Baustelle mit dem Ambiente der frühen Neuzeit, so wie Breughel sie erlebt hat;
- schließlich die Weiterführung des Turm-Projekts in unserer Gegenwart durch den Montagekünstler.

Zunächst zur mittleren »Schicht«: Das Ambiente des Breughelschen Bildfragments hat viele Züge von Antwerpen, wo er lange lebte und arbeitete. Die Stadt war die führende Metropole Westeuropas zur Zeit des Malers: Neue See- und Handelswege (vgl. Hafenszenerie, rechter Vordergrund) standen offen, hier flossen Geld und Waren zusammen und auch Menschen aus aller Herren Länder mit vielen verschiedenen Sprachen. Für den hausbackenen spätmittelalterlichen Zeitgenossen musste dies eine wahrhaft »babylonische« Sprachverwirrung sein. Also: Viele neue Wege, neue Kulturen und Sprachen – und auch in Sachen Religion wurde eine einschneidende Pluralisierung erfahren: Die »una sancta ecclesia« begann sich in verschiedene sich streitende Parteien zu spalten. Manche Kunsthistoriker interpretieren das Bild über das monströse Bauwerk als Parteinahme Breughels für die reformatorische Seite: Dann wäre das überdimensionierte Bauwerk mit der römischen Universalkirche zu vergleichen, die Ursprache im Genesis-Text mit der Universalsprache Latein – hatte das überzogene Machtstreben der um ihr Monopol bestrebten »Römer« die Spaltung letztlich verschuldet?
Im Blick auf die Gegenwartsproblematik dürfte die Intention der Collage mit dem Atommeiler den Schülern keine Probleme bereiten. Interpretationsrichtung: Machbarkeitswahn und Fortschrittsglaube schlagen um in Destruktion. Folgen der Hybris: »Hochmut kommt vor dem Fall«. Histo-

rische Beispiele in unserem Jahrhundert: Untergang der »Titanic«, Absturz der Raumfähre »Challenger«, Reaktorhavarie von Tschernobyl.
Der Genesis-Text lässt sich von den Schülern erfahrungsgemäß gut auf diesen Problemkreis beziehen, Anknüpfungspunkte besonders deutlicher Art im Text: »Turm mit Spitze bis zum Himmel«, »sich einen Namen machen« wollen. Wichtig der Hinweis der Exegeten, das diese Erzählung weniger eine ätiologische Sage ist, die die verwirrende Vielfalt der menschlichen Sprachen klären soll, als vielmehr eine Stellungnahme zur babylonischen Stadtkultur durch die Jahwegläubigen: Die gewaltigen Bauten, das Himmelsstürmende des Turmprojekts, der zugleich einen unfertigen Eindruck machte – alles dies war für die Israeliten Zeichen für eine unnatürliche Auflehnung gegen Gott durch Menschen, die keine Grenze anerkennen wollen. Die Erzählung will auch – selbstkritisch gerade in der davidisch-salomonischen Glanzzeit – vor selbstherrlichem Handeln warnen und hat so noch heute Aktualität, wie die moderne Fotocollage zeigt.

Wer wälzt den Stein? (M 12 – M 13)

M 12 Sisyphos – Den Stein auf ewig wälzen
Die hermeneutischen Wissenschaften verstehen den Mythos nicht bloß als vergangenes, abgeschlossenes Phänomen, sondern weisen auf seine ungebrochene Lebendigkeit und Aktualität hin. Wir sehen über die Jahrhunderte hinweg bis heute, wie mythische Motive – fern von ihrem Ursprung – immer wieder als Leitfiguren menschlichen Selbstverständnisses aufgegriffen und ausgelegt, variiert und umakzentuiert werden. Bei der mythischen Symbolwelt handelt es sich um »Leitfossilien« (Hans Blumenberg), die uns immer wieder Fragen nach der Bestimmung von Gott und der Welt stellen lassen.
Eines dieser »Leitfossilien« ist der Sisyphos-Mythos, der uns Grundfragen nach Leid und Erlösung, Schicksal und Freiheit, Tod und Unsterblichkeit aufdrängt. In *M 12* wird nacherzählend zum einen die griechische Erzähltradition präsentiert, zum anderen kommt eine zeitgenössische Variante von Camus zu Wort. So bekommen die Schüler an einem Beispiel die lebendige An- und Umverwandlung des mythischen Motivs vor Augen geführt.
Die Werke von Camus, neben Sartre der zweite Wortführer des französischen Existentialismus, sind geprägt durch den unversöhnlichen Widerspruch zwischen dem Menschen, der nach dem Sinn des Ganzen fragt, und der Welt, die eine Antwort darauf schuldig bleibt. Diese Situation nennt Camus »absurd«. Die einzige humane Handlungsmöglichkeit des Menschen angesichts dessen ist, diesem Widerspruch mutig ins Auge zu schauen, ihn auszuhalten und gleichzeitig ständig dagegen zu rebellieren. So tut es Sisyphos in Camus' Grundwerk: »Der Mythos von Sisyphos. Ein Versuch über das Absurde«, zuerst erschienen 1942.

M 13 Grabsteine – Hoffnungssteine
Ein Friedhofsbesuch ist in den allermeisten Fällen ein lohnender Unterrichtsgang an einen Lernort außerhalb der Schule. Der Friedhofsgang erinnert uns – unabhängig von Zeiten der Trauer und der unmittelbaren Begegnung mit dem Tod – an die Begrenztheit unseres Lebens, an den eigenen Tod, an den der anderen und an das große Thema der Religionen: Hoffnung über die Tod hinaus. Auf vielerlei Gebräuche und Traditionen, die auf dem Friedhof manifest werden, lohnt es sich zu achten (Lichter, Weihwasser u. a.); wir haben Hoffnungssymbole auf Grabsteinen ausgewählt.

Symbol	Bibelstelle	Bedeutung
Kreuz	Wenn wir mit Christus gestorben sind, werden wir auch mit ihm leben. (2 Tim 2,11)	Tod und Überwindung des Todes
(betende) Hände	In deine Hände lege ich voll Vertrauen meinen Geist; du hast mich erlöst, Herr, du treuer Gott. (Ps 31,6)	Geborgenheit im Erlösergott
Ähre(n)	Wenn das Weizenkorn nicht in die Erde fällt und stirbt, bleibt es allein; wenn es aber stirbt, bringt es reiche Frucht. (Joh 12,24)	Aus dem Tod entsteht neues Leben.
Lamm	Denn das Lamm ... wird sie weiden und zu Quellen führen, aus denen das Wasser des Lebens strömt, und Gott wird alle Tränen von ihren Augen abwischen. (Offb 7,17)	Gott verwandelt Tod in neues Leben.
Hirt	Ich bin der gute Hirt; ich kenne die Meinen und die Meinen kennen mich. (Joh 10,14)	Der Herr sorgt sich um die Seinen auch im Tod.
Sonne	Er (Gott) leuchtet wie das Licht der Sonne, ein Kranz von Strahlen umgibt ihn, in ihnen verbirgt sich seine Macht. (Hab 3,4)	Der machtvolle Herr führt aus Dunkelheit ins Licht.
Palmzweig(e)	Danach sah ich: eine große Schar aus allen Nationen und Stämmen, Völkern und Sprachen; niemand konnte sie zählen. Sie standen in weißen Gewändern vor dem Thron und vor dem Lamm und trugen Palmzweige in den Händen. Sie riefen mit lauter Stimme: Die Rettung kommt von unserem Gott, der auf dem Thron sitzt, und von dem Lamm. (Offb 7,9–10)	Neuanfang, neues Leben

Quellennachweis

Wir danken den Verlagen und Rechteinhabern für die uns freundlicherweise erteilten Abdruckgenehmigungen. Trotz sorgfältiger Recherche konnten wir nicht alle Rechteinhaber ermitteln. Wir bitten ggf. um Benachrichtigung.

10: M 2 – Frankfurter Rundschau vom 17. März 1997, Karikatur: © Thomas Plaßmann, Essen.
11: M 3 – Einheitsübersetzung der Heiligen Schrift, © Katholische Bibelanstalt, Stuttgart 1980.
12: M 5 – Ivan Steiger sieht die Bibel, Verlag Katholisches Bibelwerk/Deutsche Bibelgesellschaft, Stuttgart 1989, © Ivan Steiger, München.
13: M 6 – Hans-Joachim Gelberg (Hrsg.), Menschengeschichten, © 1975 Beltz Verlag, Weinheim und Basel (Programm Beltz & Gelberg, Weinheim).
14: M 8 – Martin Buber, Die Erzählungen der Chassidim, Manesse-Verlag, Zürich 1949; M 9 – Franz Kafka, Sämtliche Erzählungen, S. Fischer Verlag, Frankfurt am Main 1970; M 10 – Viele kleine Leute (Buch, CD, MC), © Menschenkinder Verlag, Münster.
15: M 12 – Hubertus Halbfas, Der Sprung in den Brunnen, Patmos Verlag, Düsseldorf 13. Auflage 1995.
16: M 13 – Foto: Sven Kaestner/AP Photo, Frankfurt am Main; M 14 – Die Gedichte von Bertolt Brecht in einem Band, Suhrkamp Verlag, Frankfurt am Main 1981; M 15 – Erich Fried, Anfechtungen, Verlag Klaus Wagenbach, Berlin; M 16 – Kurt Bucher, Wegmarken, Rex-Verlag, Luzern 1980.
17: M 18 – Foto: Gustav Schmiz, Eppstein.
18: M 19 – Walter Habdank, 24 Holzschnitte zur Bibel, Kösel-Verlag, München; M 20 – Misereor-Hungertuch »Gott begegnen im Fremden« von Azariah Mbatha, © 1994, Misereor Medienproduktion und Vertriebsgesellschaft mbH, Aachen.
19: M 21 – Katechismus der Katholischen Kirche, R. Oldenbourg Verlag, München – Libreria Editrice Vaticana 1993.
20: M 22 – Siegfried Dunde, Unterrichtseinheit zum Dekalog, in: rhs 29, 1986, 188–192, Patmos Verlag, Düsseldorf.
21: M 24 – Annemarie Schimmel, Nimm eine Rose und nenne sie Lieder. Poesie der islamischen Völker, Eugen Diederichs Verlag, München 1987; M 26 – Rechte unbekannt.
24/25: M 31 – © VG Bild-Kunst, Bonn 1998; M 32 – Einheitsübersetzung der Heiligen Schrift, © Katholische Bibelanstalt, Stuttgart 1980.
26: M 33 – überliefert; M 34 – Nimm Platz an unserem Tisch, © 1997, Misereor Medienproduktion und Vertriebsgesellschaft mbH / Kontakte Musikverlag, Lippstadt.
28: M 1 – Museum für Moderne Kunst, Frankfurt am Main, Foto: Rudolf Nagel, © Mario Merz, Turin; M 2 – Einheitsübersetzung der Heiligen Schrift, © Katholische Bibelanstalt, Stuttgart 1980.
29: M 3 – Foto: Gustav Schmiz, Eppstein; M 5 – Foto: dpa, Frankfurt am Main.
30: M 6 – Misereor-Kreuzweg aus Lateinamerika von Adolfo Pérez Esquivel, © 1992, Misereor Medienproduktion und Vertriebsgesellschaft mbH, Aachen; M 7 – Franz Kafka, Sämtliche Erzählungen, S. Fischer Verlag, Frankfurt am Main 1970.
31: M 8 – Alinari, Florenz.
32: M 9 – Foto: Rechte unbekannt.
33: M 10 – Foto: Abtei Marienstatt.
34: M 11 – Foto: Salesianer Don Boscos / Kloster Benediktbeuern.
35: M 12 – Foto: Reinhard Kildau, Oberursel, © Michael Schmitt, Frankfurt am Main.
37: M 14 – Zeichnung: Rechte unbekannt.
38: M 15 – Der Baumeister 6, 1907, Heft 2.
39: M 16 – Foto: Georg Karl Wenner, Crumstadt.
40: M 17 – Foto: epd-Bild/Neetz, Frankfurt am Main.
41: M 18, M 20 – © Thomas Plaßmann, Essen; M 19 – Rechte unbekannt.
42: M 21 – © Gerhard Mester, Wiesbaden; M 22 – image 5/6, 1984, Bergmoser und Höller Verlag, Aachen; M 23 – Lothar Zenetti, Die wunderbare Zeitvermehrung, Verlag J. Pfeiffer, München 1979.
45: M 1 – Öl auf Leinwand, 76,2 x 144 cm, © The Art Institute of Chicago. All Rights Reserved; M 2 – Dauerleihgabe der Dresdner Bank, Frankfurt am Main an das Museum für Moderne Kunst, Frankfurt am Main, Foto: Axel Schneider, © VG Bild-Kunst, Bonn 1998.
46: M 3 – © Michael Schmitt, Frankfurt am Main; M 4 – Frankfurter Rundschau vom 20. Oktober 1997; M 5 – Einheitsübersetzung der Heiligen Schrift, © Katholische Bibelanstalt, Stuttgart 1980.
47: M 6 – © Paul Kluge, Magdeburg; M 7 – image, Bergmoser und Höller Verlag, Aachen; M 8 – © Heinz Langer, München.
48: M 9 – © VG Bild-Kunst, Bonn 1998; M 10 – DIE ZEIT Nr. 5/1978, © Vladimir Renčin; M 11 – Rechte unbekannt.
49: M 12 – Misereor-Fastenkalender 1997, Kalenderblatt vom 19. Februar, © 1997, Misereor Medienproduktion und Vertriebsgesellschaft mbH, Aachen.
50/51: M 14 – Misereor-Hungertuch »Hoffnung der Ausgegrenzten« von Sieger Köder, © 1996, Misereor Medienproduktion und Vertriebsgesellschaft mbH, Aachen; M 15a–15f – Misereor-Fastenkalender 1997, Kalenderblätter vom 21. und 28. Februar, 7., 14., 21. und 28. März, © 1997, Misereor Medienproduktion und Vertriebsgesellschaft mbH, Aachen.
52: M 16 – Gotteslob Nr. 955 (Bistum Limburg), © bei den Autoren; M 17 – © VG Bild-Kunst, Bonn 1998; M 19 – zitiert nach Frankfurter Rundschau vom 4. Juni 1997.
55: M 2 – Foto: Heinemann/foto-present, Essen.
56: M 3 – Einheitsübersetzung der Heiligen Schrift, © Katholische Bibelanstalt, Stuttgart 1980.
57: M 4 – Johannes Thiele, Phantasie für die Schöpfung, Verlag Herder, Freiburg 1990.

58: M 6 – Misereor-Materialien für die Schule Nr. 21: Wasser für alle, © 1996 Misereor Medienproduktion und Vertriebsgesellschaft mbH, Aachen.
60: M 9 – (links oben:) Annemarie Schimmel, Die Zeichen Gottes. Die religiöse Welt des Islam, Verlag C. H. Beck, München 1995; (links unten:) dieselbe, Nimm eine Rose und nenne sie Lieder, Eugen Diederichs Verlag, München 1987; Foto: KNA-Bild/Knapp, Frankfurt am Main.
61: M 10 – Foto: KNA-Bild, Frankfurt am Main.
62: M 11 – Adaption einer Rede, die Häuptling Seattle 1855 an den Präsidenten der Vereinigten Staaten gerichtet haben soll. Der Text ist eine freie Bearbeitung eines Redetextes, der erstmalig im Seattle Sunday Star 1887 publiziert wurde und später auch im Washington Historical Quarterly erschienen ist. Die deutschen Rechte liegen bei Dedo Weigert Film GmbH, München.
63: M 12 – Walter Habdank, 24 Holzschnitte zur Bibel, Kösel-Verlag, München.
64: M 13 – Misereor-Hungertuch »Hoffnung der Ausgegrenzten« von Sieger Köder, © 1996, Misereor Medienproduktion und Vertriebsgesellschaft mbH, Aachen; M 14 – Nimm Platz an unserem Tisch, © 1997, Misereor Medienproduktion und Vertriebsgesellschaft mbH / Kontakte Musikverlag, Lippstadt.
65: M 15a – © Dikobraz; M 15b – Rechte unbekannt; M 15c – © Hans Moser, Laax.
66: M 16 – Bayerische Staatsbibliothek, München, Clm 19414 fol. 167r; M 17 – Foto: Verlag am Eschbach, Eschbach/Markgräflerland.
67: M 18 – Foto: Herzog/present, Essen; M 19 – Federzeichnung, © Nachlassverwaltung Roland Peter Litzenburger.
70: M 22 – © Lothar Zenetti, Frankfurt am Main.
72/73: M 24 – Gerd Heinz-Mohr, Lexikon der Symbole, Eugen Diederichs Verlag, München 11. Auflage 1992; M 25 – The Pierpont Morgan Library, New York, M. 779, f. 234v.; M 26 – © by Gustav Bosse Verlag, Kassel.
76: M 3 – Die Gedichte von Bertolt Brecht in einem Band, Suhrkamp Verlag, Frankfurt am Main 1981.
77: M 4 – Einheitsübersetzung der Heiligen Schrift, © Katholische Bibelanstalt, Stuttgart 1980.
78: M 5 – © Michael Schmitt, Frankfurt am Main; M 6 – Leo Tolstoi, Gesammelte Erzählungen in sechs Bänden, © 1985 by Diogenes Verlags AG, Zürich.
79: M 7 – Foto: Jörg Kuropatwa, Frankfurt am Main.
80: M 8 – © Michael Schmitt, Frankfurt am Main.
81: M 9 – Foto: Wolf-Christian von der Mülbe, © Salesianer Don Boscos / Kloster Benediktbeuern.
82: M 10 – Bildmontage unter Verwendung des Bildes »Turmbau zu Babel« von Pieter Breughel d. Ä. (1563), Kunsthistorisches Museum, Wien, © Tanner + Staehelin Verlag, Zürich; M 11 – Textrechte: Rudolf Otto Wiemer, Göttingen, Musikrechte: Verlag Ernst Kaufmann, Lahr.

Notizen